FACULTE DE DROIT DE L'UNIVERSITÉ DE PARIS

DE L'ASILE
ACCORDÉ AUX VAISSEAUX DE GUERRE
DES BELLIGÉRANTS
DANS LES PORTS NEUTRES

THÈSE POUR LE DOCTORAT

Soutenue le mardi 28 mai 1912, à 4 heures 1/2

PAR

Joseph LÉVY-BOULLIER

Président : M. RENAULT, *professeur.*
Suffragants : { M. LESEUR, *professeur.*
{ M. POLITIS, *agrégé.*

PARIS
A. PEDONE, Éditeur
LIBRAIRE DE LA COUR D'APPEL ET DE L'ORDRE DES AVOCATS
13, rue Soufflot, 13

1912

THESE

POUR

LE DOCTORAT

FACULTE DE DROIT DE L'UNIVERSITÉ DE PARIS

DE L'ASILE
ACCORDÉ AUX VAISSEAUX DE GUERRE
DES BELLIGÉRANTS
DANS LES PORTS NEUTRES

THÈSE POUR LE DOCTORAT

Soutenue le mardi 28 mai 1912, à 4 heures 1/2

PAR

Joseph LÉVY-BOULLIER

Président : M. RENAULT, *professeur.*
Suffragants : M. LESEUR, *professeur.*
M. POLITIS, agrégé.

PARIS

A. PEDONE, ÉDITEUR

LIBRAIRE DE LA COUR D'APPEL ET DE L'ORDRE DES AVOCATS

13, rue Soufflot, 13

1912

DE L'ASILE
ACCORDÉ AUX VAISSEAUX DE GUERRE DES BELLIGÉRANTS
DANS LES PORTS NEUTRES

INTRODUCTION

C'est un principe fondamental du droit international que l'Etat neutre, en raison de sa non participation impartiale à la guerre et pour prix de cette abstention, a droit au respect absolu de son territoire. Il ne saurait en être autrement. Restant en paix avec chacun des belligérants il a qualité pour exiger d'eux les mêmes égards qu'avant l'ouverture des hostilités ; étranger à la lutte, il n'en doit point voir porter le théâtre sur son sol ou dans ses eaux ; partout où s'exerce son empire, les belligérants doivent s'abstenir de tout fait de guerre comme de tout acte de souveraineté.

Ces principes sont certains et incontestables. Ils ne sont pas appliqués cependant d'une façon absolument uniforme dans la guerre continentale et dans la guerre maritime.

Boullier.   1

Dans la guerre continentale, les armées des belligérants ne peuvent ni combattre, ni même passer en territoire neutre. Si, contraintes par la détresse, elles franchissent la frontière neutre pour trouver un abri, elles ne peuvent pas la repasser pour recommencer la lutte. Désarmées, internées dans les places désignées par le gouvernement neutre, elles devront attendre la fin de la guerre sans occasion d'y prendre part à nouveau.

Telle est la notion actuellement admise. Autrefois on autorisait le passage des troupes d'un belligérant sur le territoire d'un Etat neutre pour attaquer l'ennemi et on justifiait l'occupation du territoire neutre par le droit de nécessité (1).

Dans la guerre maritime, les mêmes principes fondamentaux devraient être appliqués, mais, comme l'a fait remarquer M. Testa (2), « la mer et la terre sont « des éléments si dissemblables, la manière d'en jouir « et de les posséder en est si différente, que l'on s'ex- « plique facilement la diversité qui se produit dans « l'application d'un même et unique principe ».

Il résulte donc de la nature même des choses que la guerre maritime a des règles et des usages propres.

---

(1) Vattel, *Droit des gens*, liv. III, ch. VII, § 119.

(2) Testa, *Le droit public international maritime*, III⁺ partie, ch. II, p. 148.

En fait le territoire maritime n'est pas entendu d'une manière aussi stricte que le territoire terrestre ; il ne produit pas des conséquences aussi sévères. Toutefois les hostilités sont interdites dans les eaux territoriales et dans les ports neutres.

La doctrine et la pratique modernes condamnent également l'opinion émise au XVIIIᵉ siècle par l'illustre jurisconsulte hollandais Bynkershock, d'après laquelle le combat ou la poursuite commencés en pleine mer auraient pu s'achever dans les eaux territoriales d'un Etat neutre.

Il est admis unanimement aujourd'hui qu'aucun acte de guerre ne doit être commis par les belligérants dans les eaux neutres, sans qu'il y ait lieu de distinguer selon qu'il y serait commencé ou continué, selon qu'il aurait pour objet de couler un navire de guerre, d'amener la capture ou seulement de procéder à la visite d'un vaisseau marchand.

Mais les navires de guerre des Etats belligérants peuvent, à moins de défense expresse de l'Etat neutre, pénétrer et circuler dans ses eaux territoriales sauf à n'y commettre aucun acte d'hostilité. L'Etat neutre doit même, en cas de poursuite, de tempête, d'avarie, accorder dans ses ports l'hospitalité aux vaisseaux des Etats en guerre, à la condition de ne pas établir de différence entre eux.

Il y a aussi des cas, nous les verrons, où l'entrée

dans les ports neutres ne peut pas être refusée aux vaisseaux belligérants.

De toutes façons, quand ils ont été admis dans ces ports, à quelque titre que ce soit, jamais ils n'y peuvent être retenus.

Si l'on s'explique sans peine que le libre passage des navires belligérants sur la mer territoriale ne leur soit jamais refusé, on conçoit moins aisément de prime abord, que l'accès dans les ports neutres leur soit toujours ou presque toujours libéralement accordé.

Les ports, en effet, sont plus étroitement liés que les eaux territoriales au sol même de l'Etat ; ils sont soumis d'une façon plus complète, plus immédiate à la puissance de l'Etat ; ils ne sont plus, a-t-on dit justement, une portion de la grande route liquide dont l'usage est commun à tous ; ils constituent des refuges contre les dangers de la mer en même temps que des portes de communication avec le territoire auquel ils ouvrent un accès commode et sûr.

Dans ces conditions on comprendrait que les ports fussent fermés, en temps de guerre, aux croiseurs des Etats belligérants ; on comprendrait qu'ils leur fussent fermés comme le territoire terrestre est fermé aux armées belligérantes ; que, dans des cas extrêmes, ils leur offrissent un abri, mais à la condition d'y rester jusqu'à la fin de la lutte.

Ainsi normalement, à s'en tenir aux principes or-
dinaires, on devrait admettre que les vaisseaux belligérants ne peuvent être admis dans les ports neutres
qu'en cas de détresse et à la condition d'y être dé-
sarmés. C'est cependant la règle contraire qui a prévalu.

Il est admis aujourd'hui que le droit d'asile existe
dans les ports neutres au profit des navires de guerre
belligérants, que l'état de la mer, les avaries ou le
manque de provisions mettent dans l'impossibilité de
poursuivre leur route : l'état neutre ne peut, en pareil cas, refuser l'entrée de ses ports, ni retenir le
croiseur réfugié.

Les raisons de cette différence entre la guerre continentale et la guerre maritime apparaissent facilement.

Même en temps de paix, les armées d'un état ne
peuvent jamais pénétrer sur le territoire d'un autre
état ; les navires de guerre, au contraire, sont toujours admis sans difficulté, dans les ports étrangers.

En temps de guerre, la présence d'un vaisseau belligérant n'entraîne pas les mêmes dangers que la présence d'une armée belligérante en territoire pacifique
et ne fait pas péricliter la sécurité de ce port par
suite de l'hospitalité qu'il offre (1).

(1) Sur ce point, Pilidi, *Du combustible en temps de guerre*,
thèse, Paris, 1909, p. 143.

D'autre part, la cause qui amène un navire belligérant dans un port neutre, pouvant être indépen-
dante d'un fait de guerre, il est naturel que l'exercice
du droit d'asile par mer ne soit pas déterminé uniquement par les calamités de la guerre mais aussi par les
désastres de la navigation (1). Pour la même raison, il
serait abusif de retenir des navires de guerre belligérants dans les ports neutres, puisque, nous venons
de le voir, le refuge maritime peut être indépendant
d'un fait de guerre.

Ainsi, en cas de détresse, et pour les raisons que
nous venons d'indiquer, les Etats neutres doivent permettre aux vaisseaux belligérants de pénétrer dans
leurs ports et, après un court séjour, les laisser partir librement.

Mais, hormis le cas de détresse, l'Etat neutre a-t-il
le droit d'ouvrir ou de fermer, à son gré, ses ports
aux vaisseaux belligérants ?

La réponse à cette question dépend uniquement du
fondement que l'on assigne à l'hospitalité maritime.

Et, en supposant que l'Etat neutre laisse pénétrer
dans ses ports les vaisseaux belligérants, a-t-il le
droit de réglementer à sa guise les conditions de
séjour de ces vaisseaux ?

---

(1) Pilidi, *op. cit.*, p. 142.

Telles sont les deux questions que nous allons examiner, étudiant dans une première partie :

« Le fondement de l'hospitalité maritime », et dans une deuxième partie « La limitation de cette hospitalité ».

Pour l'étude de ces questions nous avons fait de larges emprunts aux documents officiels concernant les travaux des conférences de La Haye.

Sur les points où nous avons cru devoir faire appel à ces documents nous n'avons pas hésité à citer *in extenso* le texte même, lorsque cela pouvait rendre le développement plus clair. Il nous a paru superflu de nous évertuer à dire moins bien ce qui avait été fort bien exprimé et nous n'en avons éprouvé aucune fausse honte : Lorsqu'une chose bien pensée est bien dite, s'il n'y a pas de gloire à la reproduire, il y en a encore moins à la déformer.

CHAPITRE PREMIER

Fondement juridique du droit d'asile

Comment se pose la question ? Divers systèmes proposés. — Analyse et appréciation des systèmes.

Toute la situation juridique des navires de guerre belligérants dans les ports neutres dépend, en très grande partie de la conception initiale que l'on se fait du droit d'asile en vertu duquel ils sont admis.

Tous les actes, toutes les décisions du neutre à l'égard du belligérant hospitalisé, qui sont susceptibles d'avoir une répercussion quelconque sur les opérations de la guerre et sur les intérêts de l'adversaire de ce belligérant, tous les actes qui ne concernent pas la propre sécurité et les intérêts personnels de l'Etat neutre, se trouvent finalement régis par des règles différentes selon la notion que l'on se fait du droit d'asile.

Aussi nous a-t-il paru préférable, avant d'examiner en détail les conditions du séjour des vaisseaux belligérants hospitalisés dans les ports neutres, de rechercher quel est le fondement juridique du droit en vertu duquel ils sont admis.

Relativement à l'hospitalité neutre dans la guerre maritime, on peut concevoir, théoriquement, deux systèmes absolus.

1° L'obligation pour les neutres de fermer leurs ports ou de ne pas laisser sortir les navires qui y seraient entrés.

2° L'obligation pour eux d'ouvrir leurs ports.

Chacun de ces systèmes a des inconvénients graves. Ouvrir les ports neutres pour laisser les navires de guerre belligérants s'y ravitailler ou s'y réparer ; c'est en se plaçant au point de vue strict des principes juridiques, admettre une solution contraire aux devoirs de la neutralité ; un navire de guerre qui ne peut plus naviguer, ne peut plus combattre ; lui permettre de naviguer, c'est donc lui permettre de combattre, et un neutre ne saurait, sans violer ses devoirs de neutralité, augmenter la force de combat d'un belligérant.

A l'inverse, fermer les ports neutres aux belligérants présente des inconvénients pratiques. C'est faire une situation inégale aux Etats en guerre, suivant qu'ils auront ou non des ports d'escale. Cela blesse d'autre part le sentiment d'humanité.

La difficulté consiste donc à trouver un système, et, nous allons le voir, toute l'histoire de la neutralité maritime se résume dans cette recherche, qui per-

mette de tenir compte à la fois de l'intérêt des Etats
neutres soucieux de faire respecter leur neutralité,
c'est-à-dire préoccupés de se mettre à l'abri des conséquences funestes de guerres auxquelles ils entendent demeurer étrangers, et de l'intérêt des Etats belligérants, jaloux d'empêcher les Etats neutres d'ai-
der, fût-ce très indirectement, au succès des opérations de leurs ennemis.

Comment concilier ces intérêts opposés ? On a es-
sayé de le faire de plusieurs manières et divers systèmes ont été élaborés à cet effet.

Nous allons rapidement passer en revue les princi-
paux.

§. 1

Système de M. J. Westlake (1).

Le système de M. Westlake est un système très restrictif qui, s'il ne va pas jusqu'à la fermeture des eaux neutres, restreint cependant dans les limites extrêmement étroites la faculté d'hospitalité reconnue aux neutres. C'est, au surplus, le système qui a inspiré la plus grande partie des auteurs anglais et qui a été soutenue par la délégation britannique à la deuxième conférence de La Haye.

M. Westlake part de cette idée que l'hospitalité reçue par les vaisseaux belligérants dans les ports neutres peut avoir une influence décisive sur le cours et même sur l'issue de la guerre. Aussi faut-il lui apporter une limitation nécessaire dans un domaine abandonné pendant longtemps au bon plaisir des Etats, limitation d'autant plus indispensable qu'une hospitalité illimitée peut décider du sort de la guerre.

_____

(1) *Annuaire de l'Institut de droit international*, XXIII° volume, session de Paris, 1910, p. 131.

M. Westlake estime qu'en essayant d'appliquer une limitation stricte à l'hospitalité maritime, on fait non seulement œuvre de droit, mais aussi œuvre de civilisation. « Le progrès de la civilisation, en effet, dit- « il, se fait en grande partie par la substitution du « régime de la légalité à celui du bon plaisir... » (1). Et le savant auteur en arrive à poser comme principe la prohibition, pour les Etats neutres de recevoir dans leurs eaux les navires de guerre des belligérants, avec, comme conséquence, l'internement des navires qui violeraient cette règle.

Cependant M. Westlake apporte à ce principe absolu deux réserves. La première de ces réserves est fondée sur l'humanité. Sans doute, les devoirs de l'humanité sont difficiles et même impossibles à définir, mais cela ne veut pas dire qu'ils n'existent pas. « Ils « appartiennent, dit M. Westlake, aux choses de « l'âme qui ne peuvent pas se définir avec autant de « précision que celles de l'esprit. D'où il résulte une « certaine place laissée à la conciliation entre les bel- « ligérants et les neutres » (2). Mais il faut affirmer que les devoirs de l'humanité ne doivent jamais aller jusqu'à permettre à l'Etat neutre de priver un belligé-

---

(1) *Annuaire de l'Institut de droit international, op. cit.,* p. 405.
(2) *Annuaire de l'Institut de droit international, op. cit.,* p. 405.

rant des résultats d'un fait de guerre poursuivi jusqu'à la limite des eaux neutres.

La seconde réserve au principe résulterait d'un
bon voisinage ou plutôt de la nécessité de ne pas insister sur une règle destinée à éviter des froissements
éventuels entre les Etats, au point de causer actuellement de tels froissements.

Sans doute, conclut M. Westlake, des discussions
sont possibles sur la portée et l'étendue de ces réserves. Mais de toutes façons, les dispositions prises par
les Etats à ce sujet ne seront respectées qu'autant
qu'elles seront foncièrement conciliables avec les principes de la justice.

§ 2.

Système de M. Lehr (1).

Le système de M. Lehr, bien qu'étant encore très restrictif, laisse cependant plus de latitude aux États neutres que le précédent, puisqu'il permet aux navires belligérants de trouver du secours en port neutre mais seulement contre les accidents de la mer et non contre les accidents de guerre.

La question de savoir, si et dans quelle mesure un État neutre peut prêter assistance dans un de ses ports aux navires de guerre belligérants, doit être résolue, d'après M. Lehr, suivant que les dommages à réparer ont pour cause un accident auquel l'ennemi est absolument étranger ou bien un fait de guerre.

Si, par exemple, un navire subit en cours de route une avarie de machine, si l'une de ses hélices se brise contre un écueil, si, pendant une brume intense, il est abordé par un autre navire en dehors de toute ac-

---

(1) *Annuaire de l'Institut de droit international*, t. XXIII, session de Paris, 1910, p. 141.

tion militaire, s'il est désemparé par un ouragan, l'E-
tat neutre a le droit, et même le devoir d'humanité, de
laisser exécuter dans un de ses ports les réparations
devenues indispensables, car le navire réparé n'a pas
plus de valeur militaire après les travaux qu'avant
l'accident ou le sinistre, et l'assistance accordée n'ag-
grave en aucune manière la situation de la partie adverse.

Par contre, si un navire de guerre a été plus ou
moins gravement détérioré ou désemparé dans un
combat ou par une torpille ou une mine de l'ennemi,
l'Etat neutre, en lui permettant de réparer les dégâts
dans un de ses ports, enlèverait à la partie adverse
l'avantage d'un fait de guerre heureux, il causerait
sciemment un préjudice, et, par conséquent, violerait les règles de la neutralité ; il ne peut, dans ces
circonstances, admettre le navire dans le port et l'autoriser à y réparer ses avaries, qu'à charge de l'y
retenir, avec l'équipage, jusqu'à la cessation des hostilités, exactement dans les mêmes conditions que si,
pour échapper à l'ennemi un corps de troupes avait
franchi la frontière de terre, préférant être désarmé
et interné que de se rendre à l'ennemi.

M. Lehr conclut de ces principes qu'un port, étant
par essence un lieu de refuge, doit être ouvert en
temps de guerre comme en temps de paix à tout navire que des avaries graves ou l'état de la mer ont

mis dans l'impossibilité de continuer sa route. Si un navire belligérant se trouve dans cette situation sans que l'ennemi y soit pour rien, s'il est victime d'un simple accident ou cherche un refuge temporaire contre un ouragan, il doit être admis à entrer dans le port, à y réparer, s'il y a lieu, ses avaries et à en ressortir aussitôt après: Mais il ne peut pas y entrer pour se soustraire à la poursuite de l'ennemi ou pour réparer les avaries que l'ennemi lui a occasionnées ; ou du moins s'il est accueilli dans ces conditions-là, il doit être retenu et désarmé comme le seraient des troupes belligérantes pénétrant en territoire neutre.

L'Etat neutre ne manque pas à ses devoirs d'humanité en permettant les réparations qui remettront simplement le navire dans son état de navigabilité antérieur à un accident ; mais il ne peut autoriser ni la réparation de dommages causés par l'ennemi, ni des travaux ou acquisitions qui donneraient au navire un supplément ou un regain de forces combatives.

§ 3.

Système de MM. Albéric Rolin, Louis Renault et Ch. Dupuis (1).

Ce système est plus large encore que le précédent. Ses auteurs estiment qu'il ne faut pas se laisser trop influencer par l'intérêt des belligérants, mais s'inspirer au contraire de cette idée qu'on ne doit pas exposer les neutres à des règles trop rigoureuses. Les États neutres sont souverains ; ils règlent comme ils l'entendent leur hospitalité, sauf cette restriction qu'ils doivent observer la neutralité qui consiste à s'abstenir de toute immixtion dans les opérations de guerre en conservant une parfaite impartialité.

Pour M. Albéric Rolin, ce qu'il faut avant tout, c'est éviter aux états neutres des responsabilités trop lourdes, ne pas leur imposer des obligations trop étendues. Cet auteur estime qu'il y a lieu de combattre la tendance qui se manifeste de nos jours vers une

---

(1) *Annuaire de l'Institut de droit international*, t. **XXIII**, session de Paris, 1910, p. 36 et suiv., et p. 158 et suiv.

aggravation résultant de la neutralité pour les Etats qui n'entendent pas prendre part à la guerre.

La situation des neutres comporte l'observation de deux devoirs : un devoir purement négatif qu'on appelle le devoir d'abstention, en vertu duquel il ne prend aucune part aux hostilités, et un devoir d'impartialité qui l'oblige à traiter chacun des belligérants de la même manière. Si le premier de ces devoirs est toujours aisé à remplir, il n'en va pas de même du second qui implique la nécessité pour le neutre d'édicter certaines prohibitions ou défenses. Mais ce devoir de prohibition est naturellement beaucoup moins strict que le devoir d'abstention et, par suite, beaucoup plus difficile à accomplir. L'Etat neutre doit s'abstenir d'une façon absolue de tout aide direct en armes, en munitions à l'un des belligérants quand même il fournirait la même assistance à l'autre.

Mais il n'en est pas de même du devoir de prohibition. En principe il ne doit, à cet égard, aux belligérants que l'impartialité sauf certaines exceptions que commande l'intérêt même des Etats neutres. Ce qu'ils défendent ou permettent vis-à-vis de l'un des belligérants, ils doivent le permettre ou le défendre à l'autre. Ils n'ont pas à examiner la question de savoir si, d'après les circonstances, leur tolérance ou leur bienveillance peut être plus avantageuse à l'un des belligérants qu'à l'autre, question dont l'appréciation sera souvent difficile et dont la solution dépendra peut-être des péripéties incertaines de la guerre, tandis qu'ils doivent arrêter d'avance les règles qu'ils suivront.

Les neutres subissent déjà assez durement, bien qu'indirectement, les conséquences de la guerre. Ils ont le droit de rester en bonnes relations avec chacun des belligérants à la condition qu'ils n'interviennent dans aucun acte d'hostilité et n'y prêtent aucun appui actif.

Au surplus, ajoute M. Rolin, si l'égalité de tolérance peut favoriser un des belligérants au détriment de l'autre, l'égalité d'interdiction est susceptible de produire exactement les mêmes effets. La seule différence est que l'égalité de tolérance profite au belligérant dépourvu qui a besoin de se ravitailler en port neutre, tandis que l'égalité d'interdiction tourne à l'avantage du belligérant pourvu, qui, se suffisant à lui-même, se réjouit de voir refuser à son adversaire ce dont il n'a pas besoin pour lui-même.

Ainsi, pour M. Albéric Rolin, la liberté de tolérance est la règle, sauf les exceptions que suggère l'intérêt même de l'Etat neutre.

C'est aussi l'avis de M. le général den Beer Portugael: « En toute chose où l'Etat neutre n'est pas lié par « un traité ou une convention, il a plein droit de faire

« cé qu'il veut, d'accorder ou de ne pas accorder l'asile
« et, s'il l'accorde, d'y mettre les conditions qui lui
« semblent utiles, sauf seulement d'être parfaitement
« impartial envers les deux parties belligérantes...» Il
peut donc permettre ou ne pas permettre aux navires
de guerre belligérants l'accès de son territoire maritime (1).

C'est un système analogue qu'ont présenté MM.
Louis Renault (2) et Ch. Dupuis (3).

Pour M. Renault, ce qui doit être le point de départ d'une réglementation (des droits et des devoirs
des Etats neutres), c'est la souveraineté de l'Etat
neutre qui ne peut être altérée par le seul fait d'une
guerre à laquelle il entend demeurer étranger. La
souveraineté de l'Etat neutre, donc la liberté de décision et de tolérance de cet Etat ne doit pas subir
d'autres restrictions que celles qui sont commandées
par les devoirs d'abstention et d'impartialité, résultant de la neutralité.

---

(1) *Annuaire de l'Institut de droit international*, t. XXIII, session de Paris, 1910, p. 151.

(2) Rapport à la deuxième conférence de La Haye sur le projet
de convention concernant les droits et les devoirs des puissances
neutres en cas de guerre maritime. (Deuxième conférence internationale de la paix).

(3) Rapport sur l'hospitalité neutre dans la guerre maritime.
(*Annuaire de l'Institut de droit international*, t. XXIII, p. 23 et
suiv., et notamment p. 54).

Aussi, la liberté demeure la règle, et les restrictions à la liberté ne sont que des exceptions.

Mais ces exceptions ne peuvent être justifiées que dans la mesure où elles interdisent des « actes » ou des « tolérances » susceptibles d'être considérés comme « constituant une immixtion « illicite dans les opérations de guerre » (1).

Sur le caractère des actes ou des tolérances qui méritent d'être considérés comme tels, M. Dupuis estime qu'il faut résoudre les cas douteux dans le sens de la liberté des Etats neutres. Depuis un demi siècle, dit-il, depuis la Déclaration de Paris, l'évolution du droit de la guerre maritime a tendu à accroître la liberté des neutres et à affranchir, le plus possible, le commerce neutre de ses anciennes entraves. Il me semble qu'il y aurait peut-être quelque contradiction à restreindre la liberté des Etats neutres dans leurs eaux, alors que la liberté du commerce neutre grandit en haute mer, à charger les Etats neutres de lourdes responsabilités dans l'intérêt des belligérants, au moment où l'intérêt des belligérants recule devant la force croissante des intérêts neutres (2).

Ainsi, d'après MM. Renault et Dupuis, c'est le

---

(1) Rapport de M. Renault à la deuxième conférence de la paix.
(2) Rapport de M. Charles Dupuis, p. 54 et 55.

principe de la souveraineté des Etats qui sert de base
à l'hospitalité maritime : le neutre accueille les vaisseaux de guerre parce qu'il y consent et les écarte
parce qu'il le préfère. Maître de la règle qu'il entend
fixer, il peut l'arrêter ou la changer au début de la
guerre.

L'état neutre peut même en vertu de sa souveraineté modifier au cours des hostilités les règles qu'il
avait établies au début de la guerre. Sa liberté de
décision et de tolérance ne doivent pas subir d'autres
restrictions que celles commandées par les devoirs
d'abstention et d'impartialité.

§ 4.

Système de M. A.-G. de Lapradelle.

C'est une opinion diamétralement opposée à la précédente qu'a émise M. de Lapradelle ; c'est un système tout nouveau, très ingénieux, qu'a élaboré le savant professeur de la Faculté de Paris (1).

L'objet, ou tout au moins l'effet de ce système serait de dégager la responsabilité des Etats neutres, tout en laissant aux vaisseaux de guerre des belligérants le droit de faire un assez large usage des ports neutres.

D'après le système de M. de Lapradelle, le fondement de l'hospitalité maritime n'est pas la souveraineté de l'Etat neutre, mais la *liberté de la navigation* ; pour que la tradition de l'hospitalité maritime se maintienne, ce n'est pas assez qu'elle soit une *faculté*, il faut qu'elle soit un *devoir*.

---

(1) Rapport de M. de Lapradelle sur l'hospitalité neutre dans la guerre maritime. (*Annuaire de l'Institut de droit international*, t. XXIII, session de Paris, 1910, p. 100 et suiv.).

A ce devoir, quelle base donner ? La raison d'humanité ! Une hospitalité maritime qui serait uniquement fondée sur la raison d'humanité serait, au
point de vue technique, d'une construction difficile.
« Pour soutenir ici la raison d'humanité, nous avons
un principe, dit M. de Lapradelle, c'est « la liberté
de la mer ». La mer est libre. Et tout le monde accorde qu'en vertu de cette formule les navires marchands ont en temps de paix, le droit de pénétrer
dans les ports des autres nations, d'y faire de l'eau,
des provisions, du charbon, des vivres. Comme l'intérêt des nations côtières est précisément de les accueillir, personne ne remarque que, s'ils pénètrent
ainsi, ce n'est pas par une concession, mais par un
droit. Pour qu'un droit se précise, il faut en effet
qu'on le conteste, et pour qu'il s'affirme, qu'on le
dénie. Mais, pour n'être pas contesté, ce droit n'en
existe pas moins, car, si la mer est libre, c'est pour
servir de route, et nul ne peut user de la route, si
pour s'arrêter, se ravitailler ou se reposer, il ne peut,
le long du chemin, employer les relais. Ainsi la libre
navigation de la mer comporte en temps de paix, pour
les navires marchands, le libre accès des eaux étrangères avec le droit d'utiliser, pour se réparer ou se
ravitailler, **les ressources locales.**

Tel est le droit en temps de paix pour les navires

marchands, tel il est encore en temps de guerre, pour
les navires de guerre » (1).

Sauf exception tirée des nécessités de la défense
et de la sécurité de l'Etat côtier, c'est jusqu'aux baies,
rades et ports que s'étend ce droit d'escale, sans lequel
la liberté des mers ne serait plus qu'une décevante
illusion. Le droit de naviguer s'étend de la haute mer
et de la mer territoriale, sur laquelle on reconnaît, en
général, un droit de passage jusqu'aux baies, rades et
ports à l'égard desquels il faut reconnaître un droit
d'*accès*.

L'hospitalité maritime, qui ne pouvait, sans arbi-
traire et sans péril, se fonder sur la souveraineté, qui
ne pouvait, sans flottements et sans imprécision, s'ap-
puyer sur la raison d'humanité, trouve ainsi son véri-
table fondement : le *droit* à la liberté de navigation.

C'est de ce droit que se déduit l'asile, non pas comme une *faculté*, mais comme un devoir. « De l'asile
« que les belligérants peuvent exiger dans les ports et
« dans les mers neutres », écrivait, il y a plus d'un
siècle, Azuni (2). C'est dans cette doctrine qu'est la
vérité pour M. de Lapradelle : l'asile n'est pas un droit
du neutre, comme le prétend M. Dupuis, c'est un
droit du belligérant.

_____

(1) Rapport de M. de Lapradelle, *Annuaire*, 1910, p. 111.
(2) Azuni, *Droit maritime*, ch. IV, art. 6.

Et le savant professeur voudrait que l'on édictât les deux règles suivantes :

1° Les navires de guerre de tous les Etats engagés dans la lutte, ont *droit* à l'hospitalité maritime sous certaines conditions et limites.

2° La mer territoriale et les baies, rades et ports des Etats neutres leur sont, en principe, ouverts.

Mais, ainsi fondée sur la liberté de la navigation, l'hospitalité maritime souffre deux restrictions : L'une dans l'intérêt de la défense et de la sécurité de l'Etat côtier (Droit de conservation). L'autre dans l'intérêt de la limitation des hostilités (Devoir de neutralité).

En d'autres termes, le devoir d'hospitalité qu'affirme M. de Lapradelle est limité, à ses yeux, par le droit de conservation d'une part, et par le devoir de neutralité d'autre part (1).

---

(1) Rapport de M. de Lapradelle, *Annuaire*, 1910, p. 111 et suiv.

§ 5.

Appréciation critique des différents systèmes.

Si l'on se place uniquement au point de vue juridique, il est certain que le système de M. de Lapradelle n'est pas seulement le plus ingénieux et le plus séduisant, mais qu'il est encore le seul acceptable, précisément parce qu'il est le seul juridique.

Baser l'hospitalité maritime sur la souveraineté des Etats neutres, c'est-à-dire reconnaître à ceux-ci le droit d'ouvrir ou de fermer leurs ports à leur gré, c'est justifier par avance toutes les fantaisies et tous les arbitraires, c'est, a très justement dit M. de Lapradelle, exposer les neutres « soit à la partialité, soit au soupçon de partialité, c'est-à-dire à toutes les accusations, à tous les reproches ».

Il est, d'autre part, contraire au principe de la neutralité de reconnaître aux Etats neutres le droit de modifier leur attitude à chaque instant, de changer de régime au début de chaque guerre, et même au cours de la lutte comme l'admet M. Dupuis qui va jusqu'à permettre de se « reprendre » quand l'expérience lui a démontré « la nécessité d'un changement pour la sauvegarde de ses droits ».

Formule inquiétante, remarque M. de Lapradelle, tant il est pour les belligérants de manières de démontrer par *l'expérience* la nécessité de tels changements ! (1).

Ainsi basée sur la souveraineté des Etats, la faculté pour les neutres d'ouvrir ou de fermer leurs ports aux navires belligérants à leur gré est le plus fragile des droits et le plus dangereux des avantages ; c'est forcer le neutre à violer la neutralité et à ne pas tenir la balance égale entre les deux belligérants parce que, soit qu'il ferme, soit qu'il ouvre ses eaux territoriales, il favorisera toujours un des deux adversaires.

Pour que l'hospitalité maritime se concilie parfaitement avec la stricte neutralité, il faut qu'elle soit, non une faculté, mais un devoir du neutre et un devoir si précis et si net que sa liberté de choix s'élimine.

Voilà pourquoi seul le système de M. de Lapradelle donne un fondement juridique certain à l'hospitalité maritime neutre : la notion de droit est exclusive de l'idée de faculté.

Malheureusement, dans l'état actuel du dévelop-

---

(1) Rapport précité de M. de Lapradelle, p. 107.

pement du droit international, il est bien difficile d'admettre, *pratiquement*, une doctrine aussi rigoureuse que celle de M. de Lapradelle. Elle a rencontré devant l'Institut de droit international où elle fut présentée pour la première fois une vive résistance.

M. Westlake l'a combattue en faisant remarquer que le principe de la liberté de la mer tient à l'absence de souveraineté sur la haute mer ; il n'est pas de droit, dit-il, qui s'oppose à la libre navigation, mais on ne peut étendre les conséquences de ce principe aux ports neutres : la liberté des mers ne comporte de conséquences que dans la haute mer.

M. Pillet déclara qu'à ses yeux la question de l'asile ne pouvait être qu'une faculté pour le neutre qui déciderait librement s'il accorderait l'asile et dans quelle mesure il l'accorderait.

M. Renault estima que le principe de la liberté de la navigation maritime n'a jamais entraîné comme conséquence le droit d'atterrir. Le belligérant ne peut s'imposer aux neutres. Les Etats neutres ont le sentiment très vif de leur souveraineté en ce qui concerne l'asile. Quelle serait la situation des Etats neutres si des navires de guerre s'imposaient dans les différents ports. Nous interdirons l'accès de nos ports, diront les neutres, si nous ne pouvons pas faire respecter notre neutralité. C'est renverser la situation. Le principe, c'est la souveraineté.

Il ne faut pas, conclut M. Renault, opposer le droit des belligérants et l'intérêt des neutres : il doit être question du droit des neutres et de l'intérêt des belligérants.

Certes, le principe de la souveraineté des Etats n'est plus aujourd'hui aussi dominant qu'autrefois ; il est maintenant fortement battu en brèche par le principe de l'interdépendance si magistralement mis en lumière par M. Pillet dans ses études sur les devoirs fondamentaux des Etats (1), il est destiné tôt ou tard à disparaître comme cela s'est fait dans le domaine du droit interne (2) mais il est non moins certain qu'il est encore de nos jours, à la base de la conception dominante du droit international public.

La thèse si intéressante de M. de Lapradelle n'a fait ainsi que devancer son heure et M. Politis a très sagement fait de demander à l'Institut de droit international qu'elle soit non ajournée mais *réservée*. Elle reparaîtra un jour, et quand la substitution de la conception juridique à la conception diplomatique du droit international (qui est la conception actuelle) sera

---

(1) V. Pillet, *Recherches sur les droits fondamentaux des États dans l'ordre des rapports internationaux et sur la solution des conflits qu'ils font naître*, Paris, 1899.

(2) V. les remarquables études de M. Duguit, *L'État, le Droit objectif, la Loi positive*, Paris, 1902.

un fait accompli, c'est cette thèse que le droit positif devra consacrer.

En attendant, il est impossible d'édifier un système rationnel et logique pour servir de base à l'hospitalité neutre dans la guerre maritime, il faut se contenter de solutions expérimentales isolées plus ou moins arbitraires, de compromis entre des tendances divergentes et des intérêts opposés. C'est toujours ce qu'ont fait jusqu'ici, nous allons le voir, les différents Etats du monde.

CHAPITRE II

Etendue du droit d'asile.

Quand on quitte le terrain doctrinal pour examiner le droit positif le plus récent, relatif au droit d'asile maritime, on retrouve une divergence analogue entre la politique traditionnelle des grandes puissances maritimes.

Cette divergence cependant n'est pas aussi absolue et ne va pas jusqu'à la contradiction complète qui existe entre les différentes thèses que nous venons d'examiner. D'une manière générale, les gouvernements sont restés fidèles à la vieille théorie libérale sur l'admission des belligérants dans les ports neutres.

Jusqu'à la guerre russo-japonaise de 1904, les Etats allaient même jusqu'à permettre l'accès de leurs ports aux navires belligérants poursuivis par l'ennemi sans soumettre ces navires à l'internement.

Mais ce libéralisme est singulièrement atténué dans les dispositions contenues dans les diverses déclarations de neutralité émises au cours des dernières guerres concernant les conditions de séjour en territoire neutre imposées aux belligérants en échange de l'asile qui leur est accordé.

Avant d'examiner en détail ces différentes conditions il n'est pas inutile de rappeler, en quelques mots, les règles générales adoptées uniformément, ou à peu près, par tous les Etats.

SECTION I.

PRINCIPES GÉNÉRAUX.

La règle générale est que tout État neutre est libre d'ouvrir ou de fermer ses ports aux navires de guerre et aux corsaires des belligérants. Le neutre se conduit à cet égard comme il lui convient, s'il n'est pas lié par des conventions diplomatiques à l'observation de règles particulières.

La liberté du neutre à cet égard comporte cependant trois limites dictées par les principes généraux de la neutralité.

1° En premier lieu, l'asile ne doit jamais être refusé lorsqu'il est demandé pour cause de danger de mer ; le neutre doit alors ouvrir ses ports au belligérant et lui permettre de réparer ses plus grosses avaries (1).

En pareil cas, l'asile est un devoir du neutre. Les belligérants entre eux ont même mis souvent ce prin-

---

(1) Pillet, *Les lois actuelles de la guerre*, p. 305 ; Perels, *Manuel de droit maritime international*, p. 242.

cipe en pratique en se refusant plusieurs fois à profiter des occasions de capture que leur offrait le danger couru par leur ennemi. C'est ainsi, par exemple, qu'en 1746 le vaisseau anglais « Elisabeth » pour échapper à une perte certaine et se trouvant en face des côtes ennemies, se réfugia dans le port de La Havane ; il y fut reçu avec humanité et put se retirer ensuite (1).

2° En second lieu, si les Etats neutres prennent le parti de donner un asile plus large, ils ont l'obligation d'assurer un traitement absolument égal aux navires des deux parties (2).

3° Enfin, l'Etat neutre ne doit pas permettre aux belligérants de prendre ses ports comme base de leurs opérations militaires. C'est là la limite extrême de la liberté des Etats neutres.

Examinons de plus près le principe et les limitations que nous venons de formuler.

Tout Etat neutre est libre d'ouvrir ou de fermer ses ports aux navires de guerre des belligérants.

En fait, les neutres, à très peu d'exceptions près, adoptent la première de ces deux solutions et admettent l'asile. Mais l'asile peut être accordé plus ou moins largement. Il peut l'être, par exemple, sans

---

(1) V. Ortolan, *Diplomatie de la mer*, t. II, p. 289 et suiv.
(2) Perels, *op. cit.*, p. 242.

limitation de durée, comme le décident notamment les instructions françaises du ministère de la marine du 26 avril 1898, art. 2, et les instructions sur la neutralité du secrétaire d'Etat des relations extérieures de la république d'Haïti du 9 mai 1898, § 7. Il peut l'être seulement pour un délai de 24 heures à partir de l'entrée du navire ou de l'achèvement des réparations autorisées, ou de l'embarquement des provisions nécessaires, ainsi que le prescrivent de nombreuses déclarations de neutralité, notamment celle de l'Angleterre du 23 avril 1898, celle du Danemark du 4 mai 1898, article 1er ; celle de la Russie du 18/30 avril 1898, § 5. C'est aussi dans ce dernier sens que s'est prononcé l'Institut de droit international en décidant, dans le règlement (1) qu'il a élaboré sur la question, que, dans les cas où le navire entré dans le port neutre a le droit d'en ressortir, l'asile cesse avec la disparition du péril de mer, l'achèvement des réparations ou l'embarquement des approvisionnements. (Art. 42, § 3).

En outre, l'asile maritime est quelquefois accordé seulement aux navires de guerre qui ne sont pas accompagnés de prises : C'est la solution qui a été admise en 1898, lors de la guerre hispano-américaine,

---

(1) *Annuaire de l'Institut de droit international,* t. XVII, session de La Haye, 1898, p. 213 et suiv.

par un grand nombre d'Etats (Angleterre, Danemark, Italie, Japon, Portugal, Suède).

Il est quelquefois aussi accordé même aux navires
accompagnés de prises, mais sous cette réserve, que
la durée du séjour sera limitée à 24 heures. C'était
déjà la règle édictée par l'ordonnance de la Marine
de 1681 (livre III, titre IX, art. 14) ; c'est aussi celle
qui a été indiquée par la déclaration de neutralité du
Brésil de 1898 (art. 6).

Enfin certains Etats, tout en accordant l'asile aux
navires de guerre, le refusent aux corsaires, et, dans
les cas où ils admettent ces derniers, ils ne le font
jamais que moyennant certaines restrictions.

Le principe d'après lequel l'Etat neutre est libre
d'ouvrir ou de fermer ses ports aux navires de guerre
belligérants reçoit, nous l'avons dit, certaines limitations.

Tout d'abord, c'est un devoir pour les neutres
d'ouvrir toujours leurs ports aux navires en détresse.
Le règlement de l'Institut de droit international décide même que c'est le seul cas dans lequel l'asile
peut être accordé aux vaisseaux belligérants. Mais
la plupart des Etats modernes se montrent plus libé-
raux, ce qui réduit de beaucoup l'application pratique
de notre règle.

Même ceux dont les ports restent fermés en principe, la Chine, par exemple, décident que cette exclu-

sion doit cesser en présence d'un cas de relâche forcée. Cela est admis formellement par la presque unanimité des déclarations de neutralité (1).

Mais les cas de « détresse » ne sont pas entendus partout de la même façon.

D'après le règlement de l'Institut de droit international (art. 43, § 2), il y a détresse dans les cas suivants : 1° défaite, maladie ou équipage insuffisant; 2° péril de mer ; 3° manque de moyens d'existence ou de locomotion (eau, charbon, vivres) ; 4° besoin de réparation.

L'arrêté belge, du 18 février 1901, qui est un des documents les plus précis que nous ayons sur la matière (2) comprend dans le cas de détresse les cas de danger de mer, d'avaries graves et de manque de vivres ou de combustible (art. 10).

L'Etat neutre, quand il reçoit un navire de guerre étranger dans ses ports, a l'obligation stricte, sous

(1) V. notamment : proclamation de neutralité anglaise du 23 avril 1898 ; déclaration de neutralité danoise du 4 mai 1898 ; déclaration de neutralité russe du 18/30 avril 1898 ; instructions françaises du ministre de la marine du 26 avril 1898 ; arrêté belge du 18 février 1901, art. 10 ; proclamation de neutralité chinoise de 1898, art. 2, al. 1, etc.

(2) V. dans la *Revue de droit international public*, 1901, p. 341, une communication de M. Politis sur cet arrêté, et le texte dudit arrêté, p. 342, note 3.

peine de manquer à la neutralité, de tenir la balance égale entre les deux belligérants ; dans la mesure où il donne asile dans ses ports aux navires de l'une des parties, il doit l'accorder également à ceux de l'autre. Il n'y a pas lieu d'insister davantage sur cette obligation de l'Etat neutre qui découle de l'idée de l'impartialité, en vertu de laquelle, dans le domaine de leur liberté, les neutres doivent tenir la même conduite vis-à-vis de chacun des belligérants (1).

Cette règle est tellement naturelle qu'elle ne figure jamais ou presque jamais dans les déclarations de neutralité.

Enfin, les neutres ne doivent pas permettre que les navires de guerre belligérants se servent de leurs ports dans un but hostile. Cette règle découle du devoir d'abstention et, plus particulièrement, du devoir de tout Etat neutre de faire respecter son territoire.

L'interprétation stricte et logique de ce devoir d'abstention devrait conduire à l'assimilation de l'asile des navires de guerre dans les ports au refuge des armées sur le territoire terrestre ; une fois admis dans un port neutre, les navires des belligérants devraient y rester jusqu'à la fin de la guerre ; leur

_____

(1) Richard Kleen, *Lois et usages de la neutralité*, t. I, p. 212.

permettre de s'en aller pour reprendre la lutte après avoir échappé à un danger ou s'être ravitaillés, c'est leur offrir un secours contraire à l'abstention.

Aussi certains auteurs ont-ils préconisé cette assimilation de l'asile des navires au refuge des armées sur le territoire, au moins pour le cas où les navires des belligérants se réfugient dans un port neutre devant les poursuites de l'ennemi, ou après une défaite.

M. Kleen (1), notamment, a soutenu qu'il faut « limiter les cas d'accès à ceux de la détresse, aux conditions qui lui sont indispensables et au temps qu'elle dure ».

Pour cet auteur, la permission d'un libre va-et-vient des navires belligérants dans les ports neutres, constituerait tout autant une aide prêtée à l'une des parties que le ferait la permission d'un libre va-et-vient de leur corps d'armée sur le sol neutre. La seule différence en faveur des forces de mer, qui ne peut être effacée, est celle résultant de la différence naturelle qui sépare les deux éléments et qui rend impossible de suppléer sur la haute mer avec la même facilité que sur terre, aux moyens d'existence et de locomotion, d'y pourvoir à la réparation de dommages ou

---

(1) Kleen, *op. cit.*, t. I, p. 533. Voir aussi son rapport complémentaire à l'Institut de droit international (*Annuaire*, t. XVII, session de La Haye, p. 67 et 68).

d'un manque d'hommes assez grave pour menacer la vie, d'y faire face aux périls qui amènent les événements naturels.

Conformément à ces principes, M. Kleen fit adopter en 1898 par l'Institut de droit international les dispositions suivantes :

« Un navire belligérant se réfugiant dans un pòrt « neutre devant la poursuite de l'ennemi, ou après « avoir été défait par lui, ou faute d'équipage pour « tenir la mer, doit y rester jusqu'à la fin de la « guerre. Il en est de même s'il y transporte des ma- « lades ou des blessés, et après les avoir débarqués, « il soit en état de combattre » (1).

M. Kleen estime que cette disposition suffit parfaitement pour satisfaire les exigences raisonnables de l'humanité devant la détresse et le malheur n'ayant rien de commun avec la guerre, mais qui exclut d'autre part toute hospitalité au delà, parce qu'elle équivaudrait à faire du port neutre une base des opérations (2).

Il faut bien reconnaître, en effet, que dans tous ces cas, la possibilité pour le navire de guerre belligérant

---

(1) V. *Annuaire de l'Institut de droit international*, t. XVII, p. 285, art. 42, § 3, voté à La Haye.

(2) Rapport précité de M. Kleen, p. 68. V. à la page 69 du rapport l'indication des auteurs qui admettent la même solution.

admis dans un port neutre d'en ressortir pour reprendre la lutte constitue une aide inconciliable avec les
devoirs d'une stricte neutralité.

C'est cependant l'opinion contraire qui a prévalu,
et nous en avons déjà donné par avance les raisons.

Tous les Etats neutres reçoivent dans leurs ports
les navires belligérants en détresse et jamais aucun
d'eux n'a émis la prétention de le retenir dans ses
eaux. Tous les règlements internes reconnaissent implicitement aux belligérants la faculté de sortir des
ports où ils sont entrés.

L'Asile maritime à la deuxième conférence
de La Haye (1907) (1).

La guerre russo-japonaise, 1904-1905, qui se dé-
roula entre la 1ᵉ et la 2ᵉ conférence de La Haye, mit
nettement en relief les inconvénients graves qui résul-
taient de l'absence d'une réglementation uniforme des
droits et des devoirs des neutres en cas de guerre
maritime. Aussi cette question fut-elle mise au pro-
gramme de la 2ᵉ conférence.

La conférence fut saisie de quatre propositions différentes se rapportant à ce sujet.

La première émanait de la délégation britannique.
Elle avait une portée très générale puisqu'elle concernait « les droits et les devoirs des Etats neutres en
cas de guerre maritime ». Elle reproduisait en l'ac-
centuant le système restrictif de 1862. Ainsi, elle spé-
cifiait l'obligation d'interner jusqu'à la fin de la lutte

---

(1) V. Renault, rapport présenté au nom de la troisième commission, *Deuxième conférence internationale de la paix, Actes et
documents*, t. I, p. 295 et s.; Dupuis (Ch.), *Le droit de la guerre
maritime d'après les conférences de La Haye et de Londres*, p. 488
et suiv.

le navire de guerre belligérant qui se serait réfugié dans des eaux neutres afin d'échapper à la poursuite de l'ennemi (art. 15) et l'obligation d'interdire la réparation des avaries résultant d'un combat (art. 19) (1).

Les trois autres projets avaient une portée plus restreinte. Ainsi, le projet du Japon visait particulièrement le cas de navires belligérants se dirigeant vers le théâtre des opérations ; il prohibait toutes réparations, toutes acquisitions de charbon ou de provisions, dans les ports ou eaux neutres, pour ces navires et pour ceux dont la destination serait douteuse ou inconnue, il limitait, très étroitement dans les autres cas, les fournitures de charbon et de provisions ; il imposait le désarmement et l'internement, jusqu'à la fin de la guerre, de tout navire de guerre belligérant qui prolongerait, au delà de 24 heures, son séjour dans les eaux neutres ou qui commettrait quelque infraction aux règles restrictives de la liberté des Etats neutres (2).

Quand au projet espagnol, il reproduisait les règles

---

(1) V. le texte du projet britannique, troisième commission, annexe 44. *Deuxième conférence internationale de la paix*, t. III, p. 695 et suiv.

(2) Voir le texte du projet japonais, *Deuxième conférence internationale de la paix*, t. III, p. 700.

anglaises de 1862 avec une addition restrictive concernant les vivres (1).

La proposition russe, au contraire, proclamait le
respect dû aux « droits immuables de souveraineté
des Etats neutres » ; elle laissait à ces Etats pleine
liberté pour régler la durée du séjour des navires de
guerre belligérants dans leurs ports ou eaux territoriales, ainsi que pour permettre, sans limites, la
fourniture à ces navires, « de vivres, denrées, approvisionnement, charbon et moyens de réparation nécessaires à la subsistance de leur équipage ou à la
continuation de la navigation » (2).

Un comité fut chargé de rédiger un questionnaire
dégageant les questions posées dans les divers projets, afin de fournir une base de discussion (3). Ce
questionnaire servit à un premier échange de vues
dans la seconde sous-commission de la troisième
commission, puis un comité d'examen élabora un
projet qui fut successivement adopté par la troisième
commission et par la conférence en séance plénière.

C'est le système précédemment exposé de MM. Renault et Dupuis qui a triomphé et qui a été adopté

---

(1) Voir le texte du projet japonais : *Deuxième conférence internationale de la paix*, t. III, p. 701.

(2) *Ibid.*, p. 702.

(3) V. le texte du questionnaire, annexe 49, *Deuxième conférence de la paix*, p. 703 et suiv.

par les auteurs de la convention du 18 octobre 1907.
L'idée fondamentale de cette convention est que la
souveraineté des Etats neutres doit être le point de
départ de toute réglementation des droits et devoirs
de ces Etats ; les belligérants ont l'obligation stricte
de respecter les droits souverains des Etats neutres.
Cette obligation ne résulte pas de la guerre, pas plus
que le droit d'un Etat à l'inviolabilité de son territoire
ne résulte de sa neutralité. C'est une obligation et
c'est un droit qui sont inhérents à l'existence même
des Etats, mais qu'il est bon de rappeler expressément au moment où ils sont plus exposés à être méconnus. Comme l'a dit Sir Ernest Satow, commentant
un article de la proposition britannique auquel est em-
prunté presque textuellement l'article 1er de la convention, « il y a là l'expression de la pensée maî-
tresse de cette partie du droit international » (1).

Et suivant l'idée exprimée par M. Hagerup devant
l'Institut de droit international, le 29 mars 1910, il est
très important au point de vue moral de mettre en relief les devoirs des belligérants. Le principe est ap-
plicable à la guerre continentale comme à la guerre
maritime. Aussi, l'article 1er de la convention du
18 octobre 1907, concernant les droits et les devoirs
des puissances et des personnes neutres en cas de

---

(1) Rapport précité de M. Renault, p. 297.

guerre sur terre, porte-t-il : « Le territoire des Etats neutres est inviolable » et l'article 1ᵉʳ de notre convention déclare-t-il que « les belligérants sont tenus de « respecter les droits souverains des puissances neu- « tres et de s'abstenir, dans le territoire ou les eaux « neutres, de tous actes qui constitueraient de la part « des puissances qui les toléreraient un manquement « à leur neutralité ».

D'une manière générale, ajoute le rapport de M. Renault (1), les belligérants doivent s'abstenir dans les eaux neutres de tout acte qui, s'il était toléré par l'Etat neutre, constituerait un manquement à la neu- tralité. Il importe de remarquer, dès à présent, qu'un devoir du neutre ne correspond pas nécessairement à un devoir du belligérant, et cela est conforme à la nature des choses. On peut imposer au belligérant l'obligation absolue de s'abstenir de certains actes dans les eaux de l'Etat neutre ; il lui est aisé, et, dans tous les cas, possible de satisfaire à cette obligation, qu'il s'agisse des ports ou des eaux territoriales. On ne peut, au contraire, imposer à l'Etat neutre l'obligation de prévenir ou de réprimer tous les actes que voudrait faire ou ferait un belligérant parce que très souvent l'Etat neutre ne sera pas en situation de remplir une pareille obligation. Il peut ne pas savoir tout ce qui se

_____

(1) Renault, rapport précité, p. 298.

passe dans ses eaux et il peut ne pas être dans l'état
de l'en empêcher. Le devoir n'existe que dans la mesure où on peut le connaître et le remplir.

Parmi les droits souverains des Etats neutres, dont
le respect s'impose aux Etats belligérants, figure celui
de permettre ou d'interdire l'accès de ses ports aux
navires de ·guerre des belligérants.

Seulement lorsqu'il s'est agi de formuler cette proposition non contestée en elle-même, on s'est heurté
à des difficultés de rédaction.

D'une part M. Tsudzuki, au nom de la délégation
du Japon, critiqua la formule comme supposant que
les ports neutres pouvaient être librement ouverts aux
navires de guerre des belligérants, alors que la doctrine tendrait de plus en plus à admettre que c'est
un devoir pour les neutres de n'accorder qu'en cas de
détresse l'accès de leurs ports à ces mêmes navires.

D'autre part, l'amiral Sperry, au nom de la délégation des Etats-Unis, déclara qu'il ne pouvait accepter cette formule, pour la raison qu'un Etat étant souverain dans sa propre juridiction, ce qu'il fait pour la
sauvegarde de sa neutralité est accompli en vertu de
son propre droit.

Après de laborieuses négociations, on est arrivé à
dégager les points essentiels suivants. Il ne s'agit pas
de reconnaître conventionnellement à un Etat neutre
des droits qui sont préexistants à la guerre et qui

Bouillier.   4

dérivent de sa souveraineté. Le seul élément nouveau
qu'introduise la guerre, c'est l'obligation de traiter de
la même façon les deux belligérants et de leur appliquer également les conditions, restrictions ou interdictions qu'il a plu au gouvernement neutre d'édicter. Toutefois, l'interdiction peut s'appliquer à un
navire belligérant qui aurait négligé de se conformer
aux prescriptions du neutre ou qui aurait violé la
neutralité. Il n'est pas question de limiter à ces cas,
le droit du neutre d'interdire l'accès de ses ports, mais
de le dispenser, dans ce cas, de l'obligation d'assurer
un traitement égal aux vaisseaux des deux belligérants. L'article 9, qui a fini par rallier toutes les
opinions, s'est borné à consacrer ces idées fondamen-
tales (1). Il est ainsi conçu :

« Une puissance neutre doit appliquer également
« aux deux belligérants les conditions, restrictions
« ou interdictions édictées par elle pour tout ce qui
« concerne l'admission dans ses ports, rades ou eaux
« territoriales des navires de guerre belligérants ou de
« leurs prises. Toutefois, une puissance neutre peut
« interdire l'accès de ses ports et de ses rades au
« navire belligérant qui aurait négligé de se con-

---

(1) Rapport précité de M. Renault, t. 1, p. 303.

« former aux ordres et prescriptions édictés par elle
« ou qui aurait violé la neutralité » (1).

Aussi, la convention du 18 octobre 1907 pose, en
principe, le respect dû à la souveraineté des Etats
neutres ; c'est cette idée qui lui a servi de point de
départ pour la réglementation des droits et des devoirs des Etats neutres en cas d'asile maritime. Cette
idée est actuellement presque unanimement acceptée.
Mais, une fois d'accord sur le principe, des divergences se produisent au sujet des restrictions que le
fait de la guerre et les exigences de la neutralité doivent imposer aux libres manifestations de la souveraineté des Etats neutres.

Ces sont ces restrictions que nous allons maintenant examiner.

----

(1) Lorsque l'article 9 fait mention des eaux territoriales en
même temps que des ports et des rades, d'accord avec l'article
30 de la proposition britannique, il vise l'accès et non le simple
passage, comme l'a expliqué sir E. Satow à la séance du comité
d'examen du 20 août 1907 ; il s'agit donc pour le neutre de défendre s'il y a intérêt de séjourner dans ses eaux et non pas de les
traverser simplement.

SECTION II

EXAMEN DE QUELQUES QUESTIONS SPÉCIALES.

Parmi ces questions dont nous allons maintenant nous occuper, figurent la limitation de la durée du séjour des navires belligérants dans les ports neutres (règle des 24 heures), la question des réparations et approvisionnements, la question des prises, celle du sort des prisonniers, naufragés blessés ou malades, et enfin celle des sanctions prévues pour assurer le respect des règles édictées par les neutres.

§ 1.

L'innovation de la durée de séjour.
La règle des 24 heures.

Que l'entrée dans ses ports ait été accordée par suite du droit d'asile ou par concession gracieuse, l'Etat neutre a le droit, en tout cas, de prendre les mesures voulues pour que sa neutralité ne soit pas compromise. Il a notamment le droit de limiter le séjour, lorsque celui-ci n'est plus justifié par la nécessité ; il a le droit d'empêcher le belligérant de prendre au port plus qu'il ne lui est nécessaire pour reprendre sa route et gagner le port le plus proche de sa nation. S'il doit lui garantir la sécurité dans ses eaux, il a le droit de prendre ses précautions pour éviter que l'asile ne serve à préparer une attaque.

Il est admis depuis longtemps que, lorsque les navires des deux belligérants se trouvent en même temps dans un port neutre, il doit y avoir un intervalle d'au moins 24 heures entre le départ d'un navire de l'un des deux belligérants et le départ subséquent d'un navire de l'adversaire (1).

_____

(1) Il importe de remarquer que la règle des 24 heures est appliquée aussi bien lorsqu'un des navires est un navire mar-

Mais la règle des 24 heures n'est pas toujours suffisante. On se rappelle à ce sujet la curieuse histoire
du croiseur confédéré *Nashville*. Celui-ci était en réparation à Southampton quand, en décembre 1861, le
steamer nordiste *Tuscarora* entra au port. Ce dernier
entreprit d'y bloquer son adversaire. Se tenant toujours sous vapeur, dès que le *Nashville* se préparait
à partir, il prenait les devants puis revenait avant
que les 24 heures fussent écoulées depuis son départ. En renouvelant constamment ce jeu, il retar-
dait indéfiniment la sortie du navire confédéré. A la
fin, le gouvernement britannique prit le parti de faire
accompagner celui-ci jusqu'à la haute mer, tandis
que le *Tuscarora* recevait défense de quitter Southampton avant l'expiration des 24 heures (1).

Cet incident démontra la nécessité d'une réglementation plus stricte des conditions du séjour des navires belligérants dans les ports de la Grande-Bretagne.
Elle fut réalisée le 31 janvier 1862. Les règles nouvelles maintenaient la défense aux navires de guerre
d'un belligérant de quitter un port anglais moins de

_____

chand que lorsque les deux bâtiments sont des vaisseaux de
guerre, car il importe de ne pas donner plus de facilités pour la
capture que pour le combat : la capture étant un acte de guerre
aussi bien qu'une bataille.

(1) Dupuis (Ch.), *Le droit de la guerre maritime d'après les doctrines anglaises contemporaines*, p. 429.

24 heures après la sortie d'un bâtiment de guerre
ou de commerce appartenant à l'autre belligérant ;
elles ajoutaient que les vaisseaux de guerre belligérants ne pourraient séjourner plus de 24 heures dans
les ports britanniques à moins qu'ils n'eussent besoin
de plus de temps pour prendre des provisions ou effectuer des réparations licites, auquel cas ils devraient
obtenir une permission spéciale pour rester plus longtemps, et reprendre la mer dans les 24 heures après
que la raison de leur séjour aurait cessé d'exister. Ils
pouvaient librement acheter des provisions et autres
choses nécessaires à la subsistance de leurs équipages ; mais la quantité de charbon qu'il leur était permis de prendre était limitée à ce qui était nécessaire
pour leur permettre d'atteindre le port le plus proche
de leur propre nation. De plus, deux provisions de
charbon ne pouvaient être obtenues par le même vaisseau «.dans les eaux britanniques à moins de trois
mois d'intervalle » (1).

La pratique française est moins stricte. Si, depuis
l'ordonnance de 1861, les prises ennemies ne sont pas
reçues pour plus de 24 heures dans les ports fran-
çais, aucune limitation de séjour n'est imposée, en
principe, aux navires de guerre belligérants.

La déclaration de neutralité, publiée le 27 avril

_____

(1) Lawrence, *International law*, p. 511, § 251.

1898, à l'occasion de la guerre hispano-américaine, porte qu'il ne sera permis à aucun navire de guerre de l'un ou de l'autre des belligérants d'entrer et de séjourner avec des prises dans les ports ou rades de la France, de ses colonies et des pays protégés pendant plus de 24 heures, hors le cas de relâche forcée ou de nécessité justifiée (1), mais elle n'édicte aucune restriction au séjour des navires de guerre, s'ils n'ont pas de prises avec eux.

LA LIMITATION DU SÉJOUR ET LA CONVENTION DE LA HAYE.

La durée du séjour des navires de guerre belligérants dans les ports neutres a soulevé à la conférence de La Haye de grandes difficultés ; c'est, en effet, une des questions les plus délicates de la matière.

D'après la proposition russe (art. 4), « il appartient à l'Etat neutre de fixer le délai de séjour à accorder aux bâtiments de guerre des Etats belligérants dans

(1) *Journal officiel* du 27 avril 1898.

les ports et les eaux territoriales appartenant à cet État neutre ».

D'après la proposition de l'Espagne (art. 3), de la Grande-Bretagne (art. 11 et 12) et du Japon (art. 2), les navires de guerre ne peuvent séjourner dans les ports neutres plus de 24 heures sauf dans des cas exceptionnels (1).

La divergence absolue des textes proposés ayant été constatée, le comte Tornielli, président du comité d'examen de la sous-commission saisie, formula une proposition qui tenait compte des deux systèmes : *Le droit de l'État neutre de fixer la durée du séjour était affirmé, mais, au cas où ce droit n'aurait pas été exercé par lui, cette durée serait de 24 heures.*

Les délégations de la Grande-Bretagne, du Japon et du Portugal se ralliaient à cette solution transactionnelle, que combattaient, au contraire, les délégations d'Allemagne et de Russie. Ces délégations proposaient de distinguer suivant que les ports neutres sont plus ou moins éloignés du théâtre de la guerre ;

---

(1) V. rapport précité de M. Renault, *Deuxième conférence internationale de la paix, Actes et documents*, t I, p. 306 et suiv., et pour le texte des propositions, troisième commission, annexes 44, 46, 47, 48, 49, *ibid.*, t. III, p. 695 et suiv. Voir aussi Dupuis, *op. cit.*, p. 515 et suiv.

elles admettaient l'établissement d'un délai fixe pour les ports situés à proximité de ce théâtre et elles entendaient qu'aucune durée ne fût établie pour les ports qui ne seraient pas dans cette situation.

Lors de la seconde lecture du projet de convention devant le comité d'examen, la délégation allemande présenta un amendement aux termes duquel il est interdit aux navires belligérants de demeurer dans les ports et rades ou dans les eaux territoriales du dit Etat, situés à proximité immédiate du théâtre de la guerre, pendant plus de de 24 heures, sauf dans les cas prévus par la présente convention (1). Les raisons pour et contre furent soigneusement exposées, spécialement dans les séances des 11 et 12 septembre 1907.

La délégation de Russie ne pouvant consentir à ce que la règle dite des 24 heures, établie par la législation intérieure de la Grande-Bretagne et celle de

---

(1) V. dans le rapport de M. Renault comment la délégation allemande formulait le système présenté par elle, *Deuxième conférence internationale de la paix*, *Actes et documents*, t. I, p. 306-308. V. l'exposé des motifs de la proposition allemande, troisième commission, annexe 64, *ibid*., t. III, p. 728-730 ; les discussions au comité d'examen, *ibid*., t. III, p. 627-629 ; à la huitième séance de la troisième commission, 4 octobre 1907, *ibid* , t. III, p. 474-477.

quelques autres pays, fût considérée comme règle universelle, estimant, au contraire, que la règle française, qui ne prévoit aucune limite de temps déterminée d'avance, acceptée par l'Allemagne et la Russie, a plus de titres pour être généralement adoptée, acceptait, par esprit de transaction, la distinction proposée par la délégation allemande.

La délégation britannique élevait contre cette distinction diverses objections dont la principale était tirée de l'incertitude que présente la détermination du théâtre de la guerre. Ce théâtre comprend l'ensemble des Océans, avec la vapeur et les progrès de la vitesse, le théâtre des hostilités proprement dites se déplace nécessairement.

La règle des 24 heures adoptée par l'Angleterre depuis 45 ans, acceptée par un grand nombre de puissances, a fait ses preuves ; elle a le grand avantage de tracer au neutre une règle fixe qu'il lui est facile d'appliquer, tandis que le système proposé nécessite de sa part une appréciation parfois délicate ; des réclamations pourront surgir au sujet de cette appréciation qui sera peut-être différente de la part de deux Etats placés dans la même situation géographique.

M. de Beaufort, au nom des Pays-Bas, combattit aussi le système basé sur la distinction entre la proximité et l'éloignement du théâtre de la guerre, comme de nature à causer aux neutres des complications difficiles.

La majorité du comité fut d'avis que, à défaut des dispositions spéciales de la législation de l'Etat neutre, il est interdit aux navires de guerre des belligérants de demeurer dans les ports et rades ou eaux territoriales de cet Etat pendant plus de 24 heures.

L'idée admise est qu'une règle précise est indispensable. On laisse à chaque Etat le soin de l'établir; faute par lui de l'avoir fait, la convention fixe une durée de 24 heures. Après divers amendements, l'article 12 fut voté par 30 voix. Il est ainsi conçu :

« A défaut d'autres dispositions spéciales de la lé-
« gislation de la puissance neutre, il est interdit aux
« navires de guerre des belligérants de demeurer
« dans les ports et rades ou dans les eaux territo-
« riales de la dite puissance, pendant plus de 24
« heures, sauf dans les cas prévus par la présente
« convention » (1).

Les règles concernant la durée du séjour s'appliquent naturellement aux navires de guerre des belligérants qui se trouvent dans un port neutre au mo-

(1) *Deuxième conférence internationale de la paix, Actes et documents*, t. III, p. 496-500.

ment de l'ouverture des hostilités, comme à ceux qui y pénètrent au cours de la guerre.

L'article 13 le décide en ces termes : « Si une « puissance avisée de l'ouverture des hostilités ap- « prend qu'un navire de guerre d'un belligérant se « trouve dans un de ses ports et rades ou dans ses « eaux territoriales, elle doit notifier au dit navire « qu'il devra partir dans les 24 heures, ou dans le « délai prescrit par la loi locale. »

Les partisans les plus stricts de la règle des 24 heures admettent que la durée peut être prolongée dans certains cas exceptionnels.

Mais on n'était pas tout à fait d'accord sur le nombre et l'étendue des exceptions. « L'état de la mer et les avaries, dit M. Renault dans son rapport (1), ont été admis sans difficulté. Le premier délégué du Japon a cependant fait remarquer que la question des avaries peut donner lieu à des abus et permettre de tourner la règle sur la durée du séjour. » Ne serait-il pas possible de fixer un délai maximum dans lequel les réparations devraient être faites ? On a répondu que c'était très difficile, car la célérité des réparations dépend des facilités que l'on trouve dans le port et que, du reste, les autorités neutres pou-

---

(1) Rapport précité, t. I, p. 311.

vaient constater le temps nécessaire et exercer un
contrôle. En conséquence, la fixation d'un délai a été
rejetée.

On a, au contraire, admis sans difficulté que la
limitation de la durée du séjour ne concernait pas les
navires de guerre affectés exclusivement à une mission scientifique, religieuse ou charitable, notamment
aux bâtiments hôpitaux militaires, visés par les articles 1, al. 2, des conventions du 29 juillet 1899 et du
18 octobre 1907.

De là l'article 14 de notre convention :

« Un navire de guerre belligérant ne peut prolonger
« son séjour dans un port neutre au delà de la durée
« légale que pour cause d'avaries ou à raison de
« l'état de la mer. Il devra partir dès que la cause du
« retard aura cessé. Les règles sur la limitation du
« séjour dans les ports, rades et eaux territoriales ne
« s'appliquent pas aux navires de guerre exclusive-
« ment affectés à une mission religieuse, scientifi-
« que ou philanthropique. »

Pour avoir une garantie contre la concentration
de navires belligérants dans un port neutre, qui leur
servirait ainsi de base d'opérations, la délégation japonaise, appuyée par la délégation britannique, pro-
posait de limiter au nombre de 3 le nombre des

navires de guerre d'un belligérant qui pouvaient se trouver en même temps dans un port ou une rade neutres.

La délégation britannique faisait remarquer que c'était le chiffre normal admis par certains Etats, même pour le temps de la paix.

Le contre-amiral Siegel fit observer que certains Etats n'avaient peut-être pas fixé un nombre pour le temps de paix, et que, pour le temps de guerre, il devait appartenir à l'Etat neutre de le fixer en toute liberté. La majorité du comité d'examen fut d'avis qu'il y avait lieu de suivre le même système que pour la durée du séjour (art. 12), c'est-à-dire, qu'à défaut de fixation par la puissance neutre, la convention devait établir un chiffre, et la disposition suivante qui est devenue l'article 15 a été adoptée.

« A défaut d'autres dispositions spéciales de la « puissance neutre, le nombre maximum des navires « de guerre d'un belligérant qui pourront se trou- « ver en même temps dans un de ses ports ou rades « sera de trois. »

Des objections furent toutefois de nouveau présentées, dans la séance du 28 septembre, contre ce chiffre qui ne correspondait plus à l'organisation navale actuelle : un grand bâtiment de guerre est toujours accompagné d'autres navires, de sorte qu'il arriverait fréquemment qu'un groupe de navires d'un même belligérant ne pourrait pas, dans son ensemble, pénétrer dans un port neutre ; ne pourrait-on pas maintenir le principe, tout en réservant le cas d'une *permission spéciale* qu'accorderait la puissance neutre ?

Telle était la suggestion de M. Tcharykow, appuyée par l'amiral Siegel.

Les délégations du Japon et de la Grande-Bretagne ne voyant pas la nécessité de changer le projet, l'article 15 est demeuré tel quel.

La présence simultanée de navires de guerre des deux belligérants a été dès longtemps prévue et réglée par la coutume internationale qui a introduit la règle dite des 24 heures. Il ne s'agissait pas de la modifier. Mais la difficulté porte sur l'ordre des départs entre lesquels doit s'écouler ce délai. Il n'y avait pas moins de quatre systèmes en présence.

1° L'Etat neutre règle l'ordre des départs.

2° La priorité des demandes.

3° Le navire le plus faible part le premier.

4° L'ordre des arrivées détermine l'ordre des départs.

Ce dernier système a fini par l'emporter comme

étant très simple et comme n'offrant au neutre aucune difficulté d'application (1). De là l'article 16 qui s'explique de lui-même.

« Lorsque des navires de guerre des deux parties
« belligérantes se trouvent simultanément dans un
« port ou dans une rade neutres, il doit s'écouler au
« moins 24 heures entre le départ du navire d'un
« belligérant et le départ du navire de l'autre.

« L'ordre des départs est déterminé par l'ordre des
« arrivées, à moins que le navire arrivé le premier
« soit dans le cas où la prolongation de la durée lé-
« gale du séjour est admise.

« Un navire de guerre belligérant ne peut quitter
« un port ou une rade neutres moins de 24 heures
« après le départ d'un navire de commerce portant
« le pavillon de son adversaire. »

---

(1) Rapport précité de M. Renault, *Actes et documents*, 1907, t. I, p. 313-314 ; t. III, p. 503-504.

Beullier.   5

§ 2.

Réparations et approvisionnements.

Nous avons déjà dit, et cela va de soi, que les hostilités proprement dites ou leur préparation sont interdites dans les ports neutres. Il en est de même de tous actes ayant un caractère hostile.

Ainsi, il ne doit pas être permis à un navire belligérant de profiter de son séjour dans les eaux neutres pour augmenter son équipage par l'enrôlement de marins, pour augmenter ou améliorer son armement, par exemple, en exécutant, sous prétexte de réparations, des travaux susceptibles d'accroître sa puissance militaire, ou pour renouveler ses approvisionnements en munitions.

Toutes ces solutions étaient inscrites déjà dans l'article 6 du traité de Washington du 8 mai 1871, entre l'Angleterre et les Etats-Unis pour arranger le différend de l'Alabama. Elles sont rappelées, avec plus ou moins de précision, dans les différentes dé-

clarations de neutralité émises en 1898 lors de la
guerre hispano-américaine (1).

Elles sont certaines et incontestables. Ces opérations constituent, en effet, l'achèvement d'un acte
d'hostilité, et l'Etat neutre ne doit pas les tolérer dans
ses ports, parce qu'il permettrait ainsi aux belligérants d'accroître leurs ressources.

Cependant, parmi les interdictions que nous venons
de mentionner, il en est quelques-unes qui ne sont
pas absolues, celles notamment qui concernent les
réparations et les *approvisionnements*.

La pratique admet, en général, que les navires de
guerre belligérants peuvent dans une certaine mesure (qui a d'ailleurs souvent varié et qui tend à se
restreindre de jour en jour) obtenir dans les ports
neutres les réparations nécessaires et se réapprovisionner en combustible et en vivres de tout genre.

Sans cette possibilité des réparations et des approvisionnements, en effet, l'asile serait purement
illusoire pour les navires belligérants.

Nous allons examiner successivement comment ont
été résolues ces deux importantes questions.

_____

(1) V. notamment la déclaration du Brésil, art. 8 et 13, et celle
du Portugal, art. 13, § 1-3, les instructions françaises, l'article 14
de l'arrêté belge du 18 février 1901 et l'article 248 du code italien
de la marine marchande.

I. — Réparations

La faculté pour un navire avarié d'aller se faire réparer dans le premier port venu s'explique et se justifie aisément par une idée d'humanité sur laquelle il n'y a pas lieu d'insister.

Cependant, même dans l'hypothèse des réparations indispensables, il ne faut pas reconnaître aux belligérants un droit absolu. Il y a à concilier deux pratiques apparemment contradictoires : celle de l'interdiction de l'armement ou de la vente des navires de guerre pour le compte des belligérants dans les ports neutres et celle de l'asile dans les mêmes ports avec la faculté d'en ressortir pour reprendre la lutte.

Il est incontestable que toute espèce de réparations ayant pour résultat d'accroître la puissance militaire du navire avarié est formellement interdite dans les ports neutres.

Au contraire, puisque la pratique admet que les navires qui se sont réfugiés dans un port neutre peuvent ensuite en repartir pour reprendre leurs opérations, il faut bien leur reconnaître le droit d'obtenir dans ces ports les réparations indispensables pour tenir la mer, autrement on les condamnerait à s'immobiliser. Il faut donc tracer une ligne de démarcation entre les réparations permises et celles qui doivent être interdites.

On distingue généralement, à cet effet, entre les réparations proprement dites, celles qui sont absolument indispensables au navire pour tenir la mer, qui sont permises, et celles qui ont pour but d'augmenter les forces militaires du navire, qui sont au contraire interdites.

C'est une solution identique qu'a adoptée l'Institut de droit international dont le règlement dispose (art. 42, § 4) : « Les réparations ne sont permises que « dans la mesure nécessaire pour que le bâtiment « puisse tenir la mer. »

Parfois, cependant, certains Etats se montrent plus rigoureux. Ainsi, par exemple, la déclaration de neutralité du Japon de 1898 (art. 5), ne permettait aux navires belligérants que les réparations strictement nécessaires pour gagner le port le plus proche de leur pays. L'application de cette formule plus stricte et plus précise que celle employée par la plupart des Etats permettait de refuser à un navire belligérant qui ne serait pas trop éloigné de son pays, des réparations autres que des réparations purement provisoires et suffisantes, pour que le navire avarié puisse atteindre un port de sa patrie.

C'est aussi une formule analogue qu'a adoptée l'arrêté belge du 18 février 1901, dont l'article 13 dispose : « En aucun cas, il ne peut être fourni aux bâ-« timents de guerre ou aux navires armés en course

« d'une nation engagée dans une guerre maritime
« des moyens de réparations au delà de la mesure in-
« dispensable pour qu'ils puissent atteindre le port
« le plus proche de leur pays ou d'un pays allié au
« leur pendant la guerre. »

Et l'article 14 du même arrêté ajoute que les bâtiments qui viennent d'être spécifiés ne peuvent pas
« exécuter, sous prétexte de réparations, des tra-
« vaux susceptibles d'accroître leur puissance mili-
« taire. »

Au sujet des réparations, la convention du 18 octobre 1907 a tenu compte de la distinction traditionnelle entre ce qui sert au combat et ce qui sert à la
navigation ; elle interdit toute réparation qui accroî-
trait la force militaire.

La Grande-Bretagne et le Portugal proposaient
d'interdire les réparations d'avaries causées par le
combat avec l'ennemi ; d'après la proposition britannique (art. 19) : Un état neutre ne doit pas permettre de faire des réparations au delà de ce qui est
nécessaire pour naviguer. C'est à l'autorité neutre
de constater la nature des réparations à effectuer et de
veiller à ce qu'elles soient exécutées le plus rapidement possible. La proposition japonaise (art. 2), par-
lait de réparations indispensables à la sécurité de la
navigation. La Russie jugeait excessif d'imposer à
l'Etat neutre l'obligation de rechercher les raisons

des avaries, ce qui pourrait l'obliger parfois à se livrer à des mesures inquisitoriales. Elle demandait
qu'il n'y eût à tenir compte que de la nature et non
de la cause des avaries.

C'est la solution qui a prévalu. Aux termes de l'article 17, « dans les ports et rades neutres, les navires de guerre belligérants ne peuvent réparer leurs
avaries que dans la mesure indispensable à la sécurité de leur navigation, et non pas accroître, d'une
manière quelconque, leur force militaire. L'autorité
neutre constatera la nature des réparations à effectuer qui devront être effectuées le plus rapidement
possible. »

L'article 17 de la convention ne parle que des ports
et rades : à la question de savoir pourquoi il n'a pas été
fait mention des eaux territoriales, il a été répondu, dit
le rapport de M. Renault (1), qu'il est vraisemblable-
ment difficile pour les navires d'effectuer des réparations dans les eaux territoriales et que, d'ailleurs,
le contrôle des neutres sur des réparations effectuées
dans ces conditions ne serait guère possible.

II. — APPROVISIONNEMENTS

C'est une règle analogue à la précédente mais plus
stricte encore, peut-être, qui est adoptée en ce qui

_____

(1) Renault, rapport précité, t. I, p. 315.

concerne les approvisionnements fournis aux navires de guerre des belligérants par les Etats neutres.

L'interprétation à la lettre de la notion moderne de neutralité conduirait logiquement à l'interdiction complète des approvisionnements de la part des navires belligérants dans les ports neutres. Il n'est pas douteux, en effet, que la faculté qui leur est ainsi reconnue a pour eux la valeur d'une réelle assistance qui constitue une exception directe au devoir d'abstention des neutres.

Elle s'explique cependant par des considérations pratiques, par les nécessités de la navigation.

Si l'on se place d'abord au point de vue de l'intérêt des belligérants ; il est certain que ceux-ci ont un besoin impérieux de se procurer au cours de leurs opérations, des vivres, de l'eau et surtout du combustible dans les ports des autres Etats, lorsqu'ils se trouvent éloignés de leurs possessions. Ils ne peuvent, en effet, avoir à bord que des provisions limitées, et s'ils devaient se passer du secours des neutres, la plupart devraient renoncer à faire la guerre maritime, car seuls, pourraient s'y livrer ceux qui pourraient se procurer, dès le temps de paix, des stations navales dans toutes les mers, ce qui est manifestement impossible au plus grand nombre.

Certains Etats intéressés par leur situation géographique à une limitation aussi étroite que possible de l'hospitalité maritime, le Japon, par exemple, ont bien proposé de remplacer le réapprovisionnement dans les ports neutres, par le réapprovisionnement en pleine mer ; mais il a été reconnu que ce procédé, toujours incommode et toujours difficile, était le plus souvent rendu impossible par le mauvais état de la mer. Aussi la pratique générale se prononce-t-elle en faveur des belligérants.

Quant aux neutres, ils ont une tendance naturelle à être favorables aux belligérants, parce qu'ils ont intérêt à ne pas refuser comme neutres ce dont ils auront besoin peut-être plus tard comme belligérants, et surtout parce que cette pratique évite aux navires des belligérants la tentation de prendre aux bâtiments de commerce rencontrés au large les ressources qu'ils ne pourraient demander aux ports neutres.

Mais, malgré ce double intérêt, si les neutres ne refusent pas aux belligérants de s'approvisionner dans leurs ports, ce qui est une nécessité de la guerre maritime, ils cherchent au moins à restreindre, dans des limites raisonnables et précises, l'assistance qu'ils offrent ainsi aux belligérants.

Il nous reste maintenant à voir comment, dans la pratique, les Etats neutres ont concilié les devoirs de la neutralité avec les nécessités de la guerre maritime dans cette importante et délicate question de l'approvisionnement dans les ports neutres.

La question doit être envisagée successivement au point de vue de la fourniture des vivres et de la fourniture du combustible.

a) *Fournitures des vivres.*

On admet sans difficulté que les belligérants peuvent s'approvisionner de vivres dans les ports neutres. Cependant leur fourniture indéfinie et souvent répétée aurait le caractère d'un secours hostile donné au belligérant qui en profite. Aussi une limitation est-elle admise par la pratique.

La plupart des déclarations de 1898 ne permettaient aux navires de guerre des belligérants de charger dans les ports neutres que les « vivres, denrées et approvisionnements » nécessaires à la subsistance de leurs équipages (1). D'autres limitaient le secours permis à la quantité strictement nécessaire pour atteindre le port national le plus proche. C'est aussi cette dernière que l'on retrouve dans le règlement de l'Institut de droit international (art. 42, § 4) (2).

---

(1) Déclaration anglaise (3ᵉ règle) ; brésilienne (art. 8) ; chinoise (art. 2, § 2, et art. 3, § 1) ; danoise (2ᵒ) ; hollandaise (2ᵉ note) ; française (inst. 3ᵒ) ; italienne (art. 249, code de la marine marchande) et russe (*in fine*).

(2) Déclaration japonaise (décret nᵒ 87, 6ᵒ) et haïtienne (§ 6) ; arrêté belge du 18 février 1901 (art. 13, al. 1ᵉʳ).

b) *Fournitures du combustible* (1).

La question que nous allons examiner maintenant et qui est d'un intérêt capital peut se formuler de la façon suivante :

« Les neutres ont-ils le devoir de refuser aux vaisseaux de guerre ennemis (hors le cas de mauvaise fortune de mer), le charbon ou plus exactement le combustible (2) nécessaire à la continuation de leur voyage ? »

Jusqu'à la guerre russo-japonaise de 1904, la réponse à cette question ne ferait aucun doute, soit au point de vue doctrinal, soit au point de vue du droit positif, personne ne songeait à assimiler le charbon aux armes et aux munitions de guerre et à refuser, par conséquent, aux belligérants, de se réapprovisionner en combustible dans les ports neutres. C'était le principe de la liberté qui était unanimement adopté, et la seule chose discutée ; c'était non pas la

---

(1) V. sur cette importante question, Pilidi, *Du combustible en temps de guerre*, thèse, Paris, 1909, p. 165 et suiv., et l'article de M. de Lapradelle, *La nouvelle thèse du refus de charbon aux belligérants dans les eaux neutres*, Revue de droit international public, 1904, p. 531 et suiv.

(2) M. Pilidi a, en effet, montré dans sa thèse précitée, que le charbon n'était plus aujourd'hui le seul combustible possible, et indiqué comment et dans quelles conditions on pouvait lui substituer le pétrole, voir p. 7 et suiv.

faculté même du ravitaillement, qui était considérée comme un droit incontestable des neutres, mais la dose de restriction qu'il était nécessaire d'apporter aux approvisionnements de combustible. En un mot, il ne s'agissait pas de prohibition, mais seulement de mesure. Le droit au combustible existait.

Mais, depuis la guerre russo-japonaise, il s'est opéré, dans la doctrine comme dans la pratique, un changement radical dans le sens restrictif, c'est-à-dire le refus total du charbon (1). Ce sont incontestablement les conditions exceptionnelles et anormales de la guerre de 1904 qui ont occasionné ce revirement. La question du charbon présentait, dans cette guerre, une importance considérable. La flotte russe, de la Baltique, dépourvue de ports intermédiaires, ne pouvait, pour franchir les 30.000 kilomètres qui séparaient les ports de Kronstadt et de Revel du théâtre des opérations, reprendre haleine et se réapprovisionner que dans les eaux neutres. La question du ravitaillement en combustible apparaît ainsi, dans la guerre russo-japonaise, comme capitale. « Pour la première fois, dit très justement M. Pilidi (2), la responsabilité des neutres quant à leurs fournitures de

_____

(1) V. Lawrence, *War and neutrality in the far east*, London, 1904.

(2) M. Pilidi, *op. cit.*, p. 170.

charbon, sans lesquelles la valeur d'une flotte entière
se trouve anéantie et le résultat de tout une cam-
pagne décidé, apparaît dans toute son ampleur, car
jamais encore la liberté, accordée en principe aux
neutres pour réapprovisionner également les soutes
des deux belligérants, ne s'est transformée, sous l'empire d'une situation de fait, dans une aide aussi
exhorbitante au profit de l'un des belligérants sans
la possibilité de la moindre compensation à donner
à l'autre. »

Ainsi est née, de l'opposition directe, des intérêts
russe et japonais, la thèse nouvelle du refus total
de combustible aux belligérants en territoire neutre.

Avant d'envisager cette thèse en elle-même, il nous
faut retracer rapidement l'évolution historique de la
question (1).

C'est la guerre *de Secession* qui posa pour la première fois, dans le droit international, la question du
ravitaillement en combustible dans les eaux neutres.

Jusqu'à cette guerre (1861), la fourniture du charbon aux belligérants dans les ports neutres n'offrait
aucune difficulté : elle était largement et également

---

(1) V. Pilidi, *op. cit.*, p. 172 et suiv. ; de Lapradelle, article cité,
p. 534 et suiv.; Despagnet, *Cours de droit international public*,
4ᵉ édition, p. 12 et suiv.; Dupuis, *Le droit de la guerre maritime
d'après les conférences de La Haye et de Londres.*

tolérée. Aussi les Sudistes ne se firent-ils aucun scrupule de remplir de fond en comble et de façon réitérée, les soutes de leurs vaisseaux dans les ports neutres.

On se souvient du cas d'un grand steamer, *le Sumter*, qui faisait le service de la Nouvelle-Orléans à La Havane. Echappé, le 30 juin 1861, des passes du Mississipi sous le commandement du célèbre capitaine Semmes, le *Sumter* fit successivement du charbon le 6 juillet dans la baie de Cienfugos, sur la côte sud de Cuba (alors à l'Espagne), le 15, à l'entrée du port de Saint-Anne, dans l'île de Curaçao (aux Pays-Bas), le 30 dans l'île de la Trinité (à l'Angleterre), après un séjour de 9 jours dans les eaux néerlandaises et 6 dans celles de la Grande-Bretagne. Enfin, le 9 novembre, il se ravitailla de fond en comble dans les eaux françaises de la Martinique.

Il en fut de même du *Nashville*. Ce croiseur put rester, avec l'assentiment du gouverneur, assez longtemps dans le port de Saint-Georges de Bermude pour y prendre 450 tonnes de charbon pour traverser l'Atlantique ; passé de Bermude, le 5 novembre, à Southampton, le 21, il en repart le 4 février 1862, avec le charbon nécessaire pour regagner Bermude.

Le gouvernement de Washington ayant protesté contre ces tolérances excessives, la Grande-Bretagne se décida à adresser à ses **gouverneurs coloniaux**, le

31 janvier 1862, des instructions dans lesquelles elle établit les règles suivantes restées célèbres :

1° Il ne devait être donné à un navire belligérant que la quantité de charbon nécessaire pour gagner le port le plus proche de son pays.

2° Le charbon ne devait être fourni au même vaisseau qu'une fois tous les trois mois.

Accessoirement à la question du lancement dans les eaux neutres (affaire de l'*Alabama*), la question des subsides de charbon (supplies *of coal*) fut soumise par le traité de Washington au tribunal arbitral de Genève.

Dans sa sentence du 14 septembre 1872, celui-ci ne consacra pas les deux règles britanniques, il condamna seulement l'usage d'un port neutre comme base de leurs opérations par les navires belligérants, et, par conséquent, ne défendit la fourniture de charbon qu'autant qu'elle permettait à ces navires de faire des ports neutres la base de leur action militaire (1).

C'était la consécration pure et simple de la thèse libérale antérieure aux instructions anglaises du 31 janvier 1862. Ainsi le droit commun relatif au ravitaillement, antérieur à la guerre de Secession, restait intact.

---

(1) *Papers relating to the Treaty of Washington*, t. IV, p. 50.

Selon l'expression du comte Sclopis, l'allocation
de charbon au delà de la quantité nécessaire au navire pour gagner le port national le plus proche ne
constituait pas, par elle-même, un grief suffisant pour
donner lieu à une indemnité.

A partir de cette époque, la question du charbon
prend de jour en jour de l'importance.

La guerre hispano-américaine qui apparut dès le
début, comme devant avoir son dénouement naturel
sur mer, vint encore renforcer l'intérêt de la question.

Aussi, à peine les hostilités ouvertes, beaucoup
d'Etats lancèrent des proclamations de neutralité (1)
dans lesquelles ils indiquaient la conduite qu'ils se
proposaient d'observer à l'égard des vaisseaux combattants, hospitalisés dans leurs ports et eaux territoriales.

Un certain nombre d'Etats d'importance secondaire, il est vrai (2), firent adhésion en matière de
charbon aux règles anglaises de 1862 (3).

---

(1) V. le texte de ces déclarations dans la *Revue de droit international public*, t. V, 1898, *Documents*, p. 1 et suiv.

(2) Pays-Bas, Danemark, Chine, Japon.

(3) La Belgique qui, en 1898, se borna comme certains Etats,
Grèce, Roumanie, Suisse, Chili, Mexique, République Argentine,
Vénézuéla, à se référer aux usages internationaux, a depuis fait
adhésion aux deux règles anglaises. (Arrêté royal du 18 février
1901, art. 13, al. 1 et 2.)

Au contraire la France, l'Italie, le Portugal, la Russie, la Suède et la Norvège (1) adoptèrent des solutions différentes (2).

Les deux thèses antagonistes, restrictive et libérale ont été ainsi définitivement constituées. Elles ont laissé entrevoir clairement, d'une part, les imperfections inhérentes à chacune de ces théories, d'autre part les dangers pour la sécurité des relations pacifiques qui résultent de la diversité de solutions données au même problème par la pratique internationale.

Une des plus grandes difficultés d'interprétation de la première règle britannique fut révélée, en effet, par la guerre de 1898. De quelle manière doit-on entendre la détermination du port national le plus proche ? Doit-on tenir compte de la direction de sa marche ?

Telle était la question qui se posait pour la flotte de l'amiral Camara, lors de son passage par le canal

---

(1) L'Allemagne est un des rares États qui se dispensa en 1898 de toute déclaration de neutralité.

(2) Par contre, l'Institut de droit international, dans le règlement adopté par lui en 1898, reconnaît la légitimité de la première règle anglaise sur le charbon, « ..... l'on ne doit fournir l'eau, le charbon, les vivres et autres approvisionnements analogues que la quantité nécessaire pour atteindre le port national le plus proche » (art. 42, alinéa 4).

de Suez. Cette flotte pouvait-elle recevoir à Port-
Saïd, en tenant compte de sa destination, du charbon en quantité suffisante pour parvenir aux Philip-
pines, ou devait-elle se contenter de la quantité de
houille (beaucoup plus faible) nécessaire simplement
pour rejoindre Barcelone son port national géogra-
phiquement le plus proche ? A défaut de déclaration
turque ou égyptienne et en l'absence de toute disposition spéciale au charbonnage dans la convention de Constantinople du 29 octobre 1888 relative au
canal de Suez, le gouvernement khédivial n'était évidemment tenu qu'aux obligations imposées par la
coutume internationale. Or, si celle-ci n'était pas
complètement étrangère au règlement anglais de
1862, rien n'avait encore érigé ce règlement en une
règle de droit des gens. En équité même, l'Egypte
devait le repousser, car, s'étant abstenue de préci-
ser en cette matière sa conduite éventuelle, les belligérants pouvaient interpréter son silence comme une
possibilité de ravitaillement dans ses eaux (1). Cependant il fallait compter avec l'Angleterre qui était
favorable aux Etats-Unis. Une dépêche anglaise pres-
crivit au gouvernement du Caire de n'accorder à
l'escadre Camara, que le charbon qui lui était nécessaire pour regagner la côte d'Espagne « conduite

---

(1) Le Fur, *R. D. I. P.*, t. VI, p. 219.

seule, disait-elle, conforme aux lois de la neutralité ».

Mais c'est la guerre russo-japonaise (10 février 1904-23 août 1905) qui devait donner à la question du ravitaillement en combustible toute son ampleur, par suite de la position géographique de l'un des combattants ; les escadres russes ne pouvant même pas se rendre sur le théâtre des hostilités en Extrême-Orient sans se ravitailler en charbon dans plusieurs pays neutres.

L'étude de cette guerre est particulièrement intéressante pour la solution de la question qui nous occupe. M. de Lapradelle a fort exactement dit que, dans le droit de la neutralité, la guerre russo-japonaise reste par dessus tout « la guerre du refus de charbon » (1). C'est elle, en effet, qui a fait disparaître l'antagonisme de fait existant entre les deux thèses antérieures, thèse libérale de la France, thèse restrictive de la Grande-Bretagne, et qui a assuré le triomphe du principe restrictif dans des conditions qu'il nous reste maintenant à rappeler.

La proclamation de neutralité lancée par l'Angleterre, au début de la guerre de 1904, était à dessein évidemment des plus concises et n'annonçait en rien l'intention d'abandonner sa politique antérieure. Mais, le 10 février 1904, sous l'inspiration manifeste de la

_____

(1) De Lapradelle, article cité, *R. D. I. P.*, 1904, p. 532.

Grande-Bretagne, le gouvernement égyptien lançait
une proclamation de neutralité (1) dans laquelle prenant comme point de départ la règle anglaise qui restreint la prise de charbon au supplément nécessaire
pour gagner le port le plus proche, il enjoignait au
navire approvisionné dans ses eaux de se rendre, *en
droiture*, sans par conséquent chercher de contrebande de guerre, jusqu'au port à la destination duquel il avait pris son charbon. Ainsi, la fourniture
du charbon dans le port égyptien est soumise à la
condition *sine qua non* pour le navire belligérant de
se rendre *en droiture* à la destination qu'il a dé-
signée et sans chercher de contrebande de guerre :
la règle du port le plus proche devenait ainsi obliga-
toire à la lettre. C'était, a dit M. de Lapradelle, une
sorte de ballon d'essai lancé par l'intermédiaire de
l'Egypte, par l'Angleterre, afin de scruter l'attitude
des puissances, à l'égard d'une thèse de refus total
de charbon aux vaisseaux ennemis, « une insinuation
doublée d'une expérience, » l'étape transitoire d'une
doctrine de restriction partielle vers une doctrine de
restriction complète (2).

Les proclamations de neutralité qui suivirent celle

---

(1) V. le texte dans la *Revue de droit international public, Documents*, p. 10.

(2) De Lapradelle, *op. cit.*, p. 541-542.

du Khédive n'osèrent pas aller aussi loin. Celles de la Suède et de la Norvège (30 avril 1904) se bornèrent à réitérer la condition, l'intervalle des trois mois et celle du port national le plus proche, de plus, ces deux pays ainsi que le Danemark (27 avril 1904) interdirent l'entrée de plusieurs de leurs ports militaires aux navires de guerre belligérants (1). La France, comme en 1898, resta hostile aux règles anglaises de 1862 et résolument favorable à la doctrine libérale.

Au début des hostilités, la question du charbon ne présenta qu'une importance secondaire. Personne, quand la guerre fut déclarée, ne songeait à l'envoi des forces navales russes de la Baltique sur le théâtre des opérations.

Ce ne fut que plus tard, dit M. Pilidi (2), lorsque, après les malchances et les défaites successives de la première escadre moscovite en Extrême-Orient, il devint évident que l'unique moyen de salut qui restait à la Russie, pour enrayer le flot débordant des soldats nippons qui débarquaient librement dans le Liao-Yang, consistait à reconquérir avec une nouvelle

---

(1) V. le texte des différentes déclarations de neutralité émises en 1904 à propos de la guerre russo-japonaise dans la *Revue de droit international public*, 1904, *Documents*, p. 1-18.

(2) Pilidi, *op. cit.*, p. 193.

escadre venant d'Europe, la maîtrise des détroits de
la Corée, que l'on comprit l'importance primordiale
qu'allait prendre la question du ravitaillement en
combustible.

Il s'agissait, en effet, pour la Russie de faire atteindre à ses bâtiments de guerre, au nombre de 50,
un but situé à 18.000 milles d'éloignement, c'est-à-
dire de leur faire traverser une distance 4 à 5 fois
plus grande que celle qu'ils étaient en état d'accomplir avec la quantité maxima de houille que pouvaient
contenir leurs soutes, sur une route qui, dans un
sens comme dans un autre, ne comptait aucun port
russe. Sans le concours de tiers, la chose était manifestement impossible.

Mais, ce concours des tiers présentait ici des parti-
cularités entièrement nouvelles. Ce n'était plus, en
effet, une aide indirecte que les neutres apportaient
aux navires russes en leur permettant de se ravitailler dans leurs ports ; c'était une assistance directe
et immédiate, puisque, sans l'appui des neutres, l'escadre russe, limitant son action à 300 milles de la
Baltique, ne pouvait aucunement servir à la guerre.
Jamais aucun belligérant n'eut un besoin aussi impérieux de se ravitailler en ports neutres. Par contre,
le Japon n'avait aucunement besoin de s'adresser aux
neutres, ni pour les hostilités, ni pour la recherche
de la contrebande.

Le droit jusqu'alors unanimement reconnu aux navires belligérants de faire du charbon en ports neutres apparut ainsi avec toutes ses conséquences et
aussi ses inconvénients quand la situation des deux
belligérants est aussi opposée qu'elle l'était en l'oc-
curence.

Devant une situation aussi extraordinaire, le Japon,
d'accord avec la Grande-Bretagne, ne fut pas longtemps à chercher des arguments juridiques susceptibles, en impressionnant vivement les neutres, d'arrêter le projet du gouvernement de Saint-Péters-
bourg.

C'est alors qu'un jurisconsulte anglais des plus ré-
putés, M. Lawrence, publia son livre retentissant :
« *War and Neutrality in the Far East* » qui eut en
quelques mois deux éditions et dans lequel apparaît
la nouvelle doctrine anglaise tendant au refus total
du charbon aux vaisseaux belligérants dans les ports
neutres.

Dans cet ouvrage, le savant professeur au Royal
Naval Collège, soutient que l'idéal auquel on doit
tendre est la prohibition de toute fourniture de charbon en ports neutres ; « c'est là, dit-il, une nécessité
« manifeste pour assurer la perfection de la neutra-
« lité et pour exaucer l'universel désir de restrein-
« dre l'aire de la guerre. »

L'énoncé de cette doctrine nouvelle produisit en

Europe, et particulièrement en Russie, une profonde émotion. Celle-ci cependant n'en continua pas moins les préparatifs de départ de sa flotte, indiquant bien par là qu'elle comptait sur le concours éventuel des ports neutres.

Devant cette attitude, l'Angleterre, dont toutes les sympathies étaient acquises au Japon, craignant de voir ses insinuations rester sans effet, se décida à une mesure plus positive. Le 12 août 1904, le gouverneur de Malte publiait une proclamation (1) d'après laquelle les règles de 1862, relatives au charbonnage, règles réitérées le 12 février 1904, ne devaient pas s'entendre « comme s'appliquant au cas d'une flotte belligérante se dirigeant soit sur le théâtre de la guerre, soit sur toute position ou toutes positions en route, dans le but d'intercepter les vaisseaux neutres soupçonnés de transporter de la contrebande de guerre ». La proclamation ajoutait qu'une telle flotte « ne devait pas être autorisée en aucune manière à faire usage des ports, rades ou eaux soumis à la juridiction de Sa Majesté dans le but de charbonner, ni directement du rivage, ni de charbonniers accompagnant cette flotte, qui se présenteraient eux-mêmes dans ces ports ou ces rades ou dans les dites eaux,

---

(1) V. le texte de cette déclaration dans la *Revue de droit international public*, 1904, p. 547, note 2.

en même temps et successivement, et que la même pratique doit être suivie par rapport aux vaisseaux de guerre isolés, procédant en vue des opérations de guerre telles qu'elles ont été ci-dessus définies, sous la réserve que ceci ne s'applique pas aux vaisseaux paralysés par la détresse actuelle de mer, cas où les dispositions de la proclamation du 12 février (règle du « port national le plus proche » et des « trois mois ») demeurent applicables.

Ainsi l'Angleterre glissait par la voie coloniale, à la théorie nouvelle du refus total de charbon dans le droit britannique de la neutralité. Pendant que d'autres pays neutres, par exemple la France et l'Espagne, laissaient se ravitailler dans leurs ports l'escadre russe de la Baltique se rendant en Extrême-Orient, la Grande-Bretagne tentait d'introduire ainsi une pratique nouvelle consistant à interdire toute fourniture de charbon, en l'assimilant à une violation de neutralité.

Que faut-il penser de la proclamation maltaise (1)?

Elle contient, croyons-nous, une exagération critiquable au point de vue du droit international et dangereux au point de vue pratique.

---

(1) V. sur ce point l'article précité de M. de Lapradelle, p. 549 et suiv., et une étude très complète de la question dans la thèse de M. Pilidi, *op. cit.*, p. 222-272.

Depuis que la navigation à vapeur s'est substituée à la navigation à voiles, le charbon est devenu un agent nécessaire à la marche des navires ; le fournir aux belligérants ce n'est donc pas leur fournir *directement* le moyen de combattre, mais celui de naviguer, et on ne comprend pas plus qu'on le leur refuse qu'on ne leur refusait autrefois la toile dont ils avaient besoin pour réparer leur voilure. Sinon la logique commanderait de défendre à un navire belligérant de se ravitailler en vivres, de ne pas réparer ses avaries de machines dans un port neutre, car cela aussi lui permet de continuer sa navigation tout comme une fourniture de charbon.

L'Etat neutre ne peut faire lui-même cette fourniture, parce qu'il violerait sa neutralité en mettant à la disposition des belligérants les ressources de ses dépôts de charbon qui ne sont pas destinés à la vente, mais à son propre service militaire, et qu'il les détournerait ainsi de leur affectation normale pour en faire profiter les belligérants.

Mais il n'a pas à empêcher les actes de commerce faits par les belligérants avec les particuliers. Ceux-ci vendent leur charbon à un navire belligérant comme ils le vendraient à tout bâtiment national ou étranger. Le seul devoir du pays neutre est de ne pas permettre que ses ports deviennent la base des opérations militaires pour les navires belligérants, par exemple, que ceux-ci aient dans le port neutre des dépôts de charbon, ou viennent s'y ravitailler régulièrement en combustible pour en repartir afin de recommencer leur croisière.

Pour échapper à l'interdiction ou aux restrictions de ravitaillement en charbon dans les ports neutres, on a songé parfois à établir des dépôts de charbon dans les pays neutres. Mais cette pratique soulève certaines difficultés. Si le territoire où se trouve le dépôt a été cédé en toute souveraineté au pays belligérant, il est alors assimilé au territoire ennemi et l'adversaire pourra agir contre le dépôt de charbon comme sur le territoire lui-même. Mais, souvent, le dépôt est simplement loué ou concédé, sans que le pays auquel il est accordé devienne souverain du territoire correspondant ; c'est ainsi que, en cédant à l'Allemagne les Carolines, Palaos et les Mariannes par le traité du 12 février 1899, l'Espagne s'est réservé le droit d'y prendre du charbon même en temps de guerre. En décembre 1900, l'Allemagne a demandé à la Turquie une autorisation semblable pour les îles Farsan, dans la mer Rouge.

Ces concessions ne semblent pas pouvoir être maintenues en cas de guerre.

En effet, le pays neutre violerait la neutralité en prêtant une partie de son territoire pour servir de base de ravitaillement à l'un des belligérants ; d'au-

tre part, l'ennemi de ce dernier ne pourrait attaquer
ou détruire le dépôt, ce qu'il devrait pouvoir faire,
sans transporter les hostilités en territoire neutre, ce
qui lui est interdit. Ces concessions de dépôt de charbon, faites en vue de la guerre, sont donc paraly-
sées dès que celle-ci éclate.

Enfin, toujours pour suppléer au défaut de ravitaillement dans les ports neutres dans les cas où il est
interdit, les belligérants ont parfois songé à trans-
border sur leurs vaisseaux la houille que leur apportaient des charbonniers en pleine mer.

Mais cette manœuvre dite de *temperley* est toujours
difficile et souvent impossible si la mer est grosse.
Au surplus, logiquement, les neutres qui ne devraient
pas laisser prendre du charbon dans leurs ports seraient tenus de surveiller la destination des charbonniers partant de chez eux, pour s'assurer qu'ils
ne vont pas ravitailler des belligérants en pleine
mer. Comment exercer une pareille surveillance et
imposer aux neutres une si grande responsabilité.
De plus, tout charbonnier pouvant être soupçonné
de se diriger vers un vaisseau ennemi en pleine mer,
sera saisi par l'autre belligérant comme transportant
de la contrebande, d'après le système anglais de la
contrebande occasionnelle, et le transport du charbon
sera à peu près complètement interdit, même quand
ce navire se dirigera effectivement vers un port neutre.

La question du ravitaillement des belligérants

dans les ports neutres

a la deuxième conférence de La Haye (1).

La deuxième des trois règles de Washington, nous l'avons vu, faisait un devoir aux Etats neutres de ne point permettre que les belligérants se servissent de leurs ports ou eaux pour renouveler ou augmenter leurs provisions militaires, leur armement ou pour recruter des hommes.

On a été facilement d'accord à La Haye pour maintenir cette règle ; plusieurs propositions se l'étaient appropriées. Il n'y a eu de discussion, dit le rapport de M. Renault, que pour savoir s'il fallait parler des eaux territoriales comme des ports ou des rades. L'affirmative a été admise, non sans de nombreuses abstentions, motivées par la difficulté inhérente à la surveillance des eaux territoriales.

Il a été dit qu'on ne saurait permettre de se servir des eaux territoriales pour un usage interdit dans les ports et rades.

---

(1) V. Pilidi, *op. cit.*, p. 340 et suiv.; Dupuis, *Le droit de guerre maritime d'après les conférences de La Haye et de Londres*, Renault, rapport précité, t. I, p. 315.

Cela est vrai spécialement parce que l'on se place au point de vue de ce que ne peuvent pas faire les navires belligérants. La disposition se justifie aussi plus aisément que celle de la règle de Washington qui parle de l'obligation du gouvernement neutre.

Les navires de guerre belligérants, dit l'article 18, ne peuvent pas se servir des ports, rades et eaux territoriales neutres pour renouveler ou augmenter leurs approvisionnements militaires ou leur armement, ainsi que pour compléter leurs équipages.

L'accord avait été facile pour prohiber les approvisionnements militaires ; les propositions de l'Espagne, de la Grande-Bretagne, du Japon et de la Russie les condamnaient, en effet, soit explicitement soit implicitement.

Les divergences, au contraire, étaient grandes entre les propositions des quatre puissances, au sujet du renouvellement des facultés de navigation.

La proposition russe (art. 7) permettait aux vaisseaux des belligérants de s'approvisionner de vivres, denrées, approvisionnements, charbon et moyens de réparations nécessaires à la subsistance de leur équipage ou à la continuation de leur voyage.

La proposition britannique (art. 17) voulait que la quantité de munitions, vivres ou combustible chargés à bord du navire admis dans la juridiction neutre, ne dépassât, en aucun cas, le complément nécessaire pour lui permettre de gagner le port le plus proche.

D'après la proposition japonaise (art. 4), les navires ne pourraient charger aucun approvisionnement, à l'exception du charbon et des provisions suffisants avec ce qui reste encore à bord pour le mettre à même d'atteindre, à une vitesse économique, le port le plus rapproché de leur pays ou une destination neutre plus proche encore.

Enfin, sans parler de ce qui pourrait être à bord, la proposition espagnole (art. 5) permettait aux navires belligérants de se pourvoir de vivres et du charbon nécessaires pour gagner le port le plus rapproché de leurs pays ou un port neutre plus proche encore.

Comme l'a très bien dit, M. Ch. Dupuis (1), les raisons théoriques de décider sont les mêmes, qu'il s'agisse de vivres ou de combustible.

Selon les justes expressions de M. Tcharykow, « la « vie d'un navire embrasse deux éléments qui sont « indispensablement connexes : les vivres pour son « équipage et les moyens de locomotion pour lui- « même. Si l'équipage était privé de vivres, les hom- « mes deviendraient des cadavres ; privé des moyens

_____

(1) Dupuis (Ch.), *op. cit.*, p. 527.

« de naviguer, un navire deviendrait une épave. Dans
« les deux cas le navire meurt » (1).

Cependant, la règle libérale qui a été admise sans
difficulté pour les vivres, ne l'a été qu'à grand peine
et à titre d'exception conditionnelle pour le combustible (2).

Aux termes de l'article 19, § 1ᵉʳ : « Les navires de
guerre belligérants ne peuvent se ravitailler dans les
ports et rades neutres que pour compléter leur approvisionnement normal du temps de paix.

Il est bien spécifié dans le rapport (3) que la faculté de compléter les approvisionnements du temps
de paix a été admise sans difficulté pour le ravitaillement en dehors du combustible.

En ce qui concerne le combustible, « les efforts les
plus grands ont été faits, dit M. Renault, dans son
rapport (4), pour arriver à un système acceptable pour
les intéressés qui sont les neutres et les belligérants
éventuels : les belligérants tiennent naturellement
compte de leur position géographique, qui leur rend
plus ou moins nécessaire la faculté de se ravitailler
dans les ports neutres. Quant aux Etats neutres, ils

_____

(1) *Deuxième conférence internationale de la paix,* 1907, *Actes
et documents,* t. III, p. 607.

(2) Sur les raisons de cette différence, v. Dupuis, *op. cit.,* p. 528.

(3) Rapport précité de M. Renault, t. I, p. 316.

(4) Rapport précité de M. Renault, p. 316.

peuvent demander une règle précise qu'ils soient en mesure d'appliquer sans s'exposer à des récriminations des deux côtés ».

Le comité d'examen se trouva, en seconde lecture, en face de deux propositions :

1° Une proposition britannique d'après laquelle les navires ne peuvent prendre du combustible que pour gagner le port le plus proche de leur propre pays.

2° Une proposition ainsi conçue : Ces navires ne peuvent prendre du combustible que pour compléter leur plein normal de temps de paix.

A titre transactionnel, M. Tcharykow proposa la formule suivante : « Ces navires ne peuvent de même prendre du combustible que pour gagner le port le plus proche de leur propre pays. Ils peuvent d'ailleurs prendre le combustible nécessaire pour compléter leur plein des soutes proprement dites, quand ils se trouvent dans les pays neutres qui ont adopté ce mode de détermination du combustible à fournir. »

Cette formule fut finalement adoptée par onze voix contre trois abstentions.

D'après le projet de convention soumis par le comité d'examen à la commission, le ravitaillement et la prise de combustible ne donnaient pas droit à prolonger la durée légale du séjour. Cette disposition faisait à l'Etat neutre, un devoir de contraindre au

Boullier.   7

départ, avec un chargement de charbon insuffisant, le navire qui, par suite de l'outillage défectueux du port, n'aurait pu embarquer son combustible dans le délai fixé pour le séjour.

Elle fut combattue par M. Tcharykow. « Si, disait-il, un navire belligérant a commencé à prendre du charbon dans un port neutre et si, pendant qu'il opère ce chargement, le délai légal de séjour vient à expirer, « le bon sens, l'équité, on pourrait peut-être même dire la bonne foi, n'exigent-ils pas que l'Etat neutre permette au navire en question de ne partir qu'après avoir pu charger entièrement la quantité de charbon qui lui a été accordée » (1)?

M. Tsudzuki, au contraire, insista très vivement pour le maintien du texte restrictif. Sans ce texte, disait-il (2), le caractère essentiel des articles 12 à 19 relatifs à la durée du séjour et au ravitaillement en combustible se trouverait modifié.

L'article 12 a été accepté par le Japon, bien qu'il n'impose pas la règle des 24 heures, parce qu'il établit du moins des règles fixes, mais cet avantage de la fixité disparaîtrait, si le délai de séjour devait varier selon les facilités qu'offrent les ports neutres pour

---

(1) *Deuxième conférence internationale de la paix, Actes et documents*, t. III, p. 480.

(2) *Ibid.*, p. 479.

les opérations d'approvisionnement en charbon. De plus, les Etats neutres seraient obligés de recourir aux mesures inquisitoriales pour surveiller si les navires n'abusent pas des opérations d'approvisionnement pour prolonger leur séjour inutilement et illégalement.

En ce qui concerne le ravitaillement en combustible, la combinaison transactionnelle entre les deux opinions qui soutenaient, l'une que le charbon ne devait être donné que dans un but d'humanité, l'autre qu'il pouvait être fourni sans limites, avait pu être acceptée parce qu'elle laissait « expressément non tranchée la question de principe ». Mais la « suppression proposée aurait pour conséquence la tendance de reconnaître aux navires de guerre belligérants le droit de prolonger leur séjour pour s'approvisionner de charbon, en d'autres termes, elle tendrait à faire reconnaître la légitimité de l'idée (toujours combattue par le Japon) que ces navires ont le droit de se servir des ports d'autrui comme d'étapes stratégiques afin d'y prendre du combustible.

Malgré l'opposition du Japon, soutenu par l'Angleterre, la suppression proposée par la Russie et appuyée par l'Allemagne fut votée par 27 voix contre 5 et 9 abstentions.

Il s'ensuit que la durée du séjour peut être prolongée dans la mesure nécessaire pour opérer le ravitaillement ou la prise de combustible. Elle doit l'être de 24 heures au moins si, d'après la loi de la puissance neutre, les navires de guerre belligérants ne reçoivent du charbon que 24 heures après leur arrivée.

Une question intimement liée à la précédente est celle de savoir si un navire belligérant qui a pris du combustible dans un port neutre peut, à bref délai, revenir en prendre dans ce même port ou dans un port rapproché du même pays.

S'il en était ainsi, on pourrait vraiment dire que le port neutre servirait de base d'opération.

Le cas était prévu par la proposition espagnole (art. 5) et par la proposition britannique (art. 8) qui, se plaçant l'une au point de vue du belligérant, l'autre au point de vue du neutre, ne permettaient pas un nouveau ravitaillement dans le même pays moins de trois mois après le premier.

Mais cette prohibition avait paru excessive à deux points de vue.

D'une part, interdire absolument le ravitaillement dans le même pays, quelle que soit la distance entre le premier et le deuxième port, c'était adopter une règle rigoureuse ; la liberté que certains auraient voulu laisser au gouvernement neutre, semblait dangereuse et l'on chercha à fixer un rayon d'action dans lequel le second ravitaillement eût été défendu pendant un certain délai.

D'autre part, le délai de trois mois fixé arbitrairement par la Grande-Bretagne il y a 40 ans et acceptable à cette date où les navires allaient à la voile en même temps qu'à la vapeur, et où le combustible leur était moins nécessaire qu'aujourd'hui, fut critiqué et trouvé excessif.

On eut donc l'idée assurément ingénieuse de soumettre au comité d'examen une condition de temps et de distance dans les termes suivants : « Les navires de guerre belligérants qui ont pris du combustible dans le port d'un Etat neutre ne peuvent renouveler leur approvisionnement qu'après.... mois dans un port du même Etat situé à moins de....milles. »

On avait laissé en blanc les deux chiffres, les discussions antérieures du comité d'examen n'ayant abouti à aucun résultat positif ; le comité technique, institué pour proposer des avis sur les questions ayant trait au ravitaillement en charbon, à la majorité de 10 voix contre 3, avait admis la distance de 1.000 milles.

Le comité d'examen accepta la proposition britannique qui forme l'article 20 de la convention, à la majorité de 5 voix contre 3 et avec 6 abstentions.

En seconde lecture, la Russie demanda que les

mots *sans permission spéciale*, qui figuraient dans la proclamation de neutralité des Etats-Unis, en date du 8 octobre 1870, et dans les instructions du Foreign Office de février 1904 fussent introduits dans l'article 20. La proposition fut rejetée par 5 voix contre 4 et avec 5 abstentions.

M. Renault, au nom de la France, s'était réservé de soumettre à la commission un amendement dans le sens des résolutions du comité technique. Si le rayon de 1.000 milles avait été considéré comme trop restreint, on aurait pu admettre 2.000 ou 2.500 milles. N'y aurait-il pas eu là une transaction équitable ?

Aucune proposition ne fut faite devant la commission, et l'article 20 fut accepté sans discussion.

« Les navires de guerre belligérants, qui ont pris
« du combustible dans le port d'une puissance neutre,
« ne peuvent renouveler leur approvisionnement qu'a-
« près trois mois dans un port de la même puis-
« sance. »

§ 3.

L'admission des prises.

On admet généralement qu'aucune prise ne peut être valablement faite dans les eaux territoriales d'un neutre, soit par des croiseurs de l'Etat, soit par des corsaires.

Si le navire capturé relâche dans un port de l'Etat neutre, dont la souveraineté a été ainsi méconnue, les autorités maritimes obligeront le capteur à abandonner sa capture, sans préjudice d'une réparation plus ample s'il y a lieu.

Il en serait ainsi même au cas où, dans l'intervalle entre la prise et le retour du vaisseau capturé dans les ports de l'Etat neutre intéressé, une sentence régulière serait intervenue qui aurait adjugé la prise au capteur. Cette sentence émanée d'un tribunal étranger, ne peut, en effet, apporter aucun obstacle à l'exercice du droit du neutre lésé : c'est l'Etat neutre seul qui peut réclamer satisfaction pour une offense de ce genre (1).

-----

(1) Ortolan, *Diplomatie de la mer*, t. II, p. 298 et suiv.; Perels, *Manuel*, p. 250 et suiv.

Une autre question se pose : c'est celle de savoir
si un belligérant peut faire procéder en port neutre
à la vente des prises par lui faites ?

On répond généralement à cette question par la distinction suivante : Si, à l'époque où la vente est faite,
le navire capturé a été régulièrement condamné par
la juridiction des prises installée sur le sol du belligérant capteur ou de ses alliés (et cette condamnation peut intervenir alors même que la prise se trouve
en relâche dans un port neutre), la vente est possible ; la propriété du navire a, en effet, été transférée
au capteur à l'aide d'un mode reconnu par le droit
des gens, et celui-ci peut librement en disposer.

Au contraire, la vente intervenant avant la condamnation émanerait du non propriétaire et ne trans-
férerait pas la propriété du navire au capteur.

Certains Etats plus sévères interdisent toute vente
de prise dans leurs eaux maritimes, alors même
qu'elle aurait été précédée d'une condamnation. Telle
est la pratique suivie, notamment en Angleterre, en
France, dans les Pays-Bas, en Espagne (1).

Dans tous les cas, le jugement de la prise ne peut
pas avoir lieu en territoire neutre. Ce jugement constitue la continuation d'un acte d'hostilité accompli
en pleine mer, il participe à la nature de cet acte et ne

(1) Kleen, *op. cit.*, t. I, p. 489.

peut régulièrement intervenir sur le territoire d'un Etat étranger aux opérations de la guerre.

Les consuls établis par les belligérants dans les ports neutres ne pourraient donc pas être constitués juges des prises opérées par les navires de leurs nations. Cette attribution n'est plus considérée comme rentrant dans leurs fonctions, et l'Etat neutre lui-même, ne pourrait le leur reconnaître sans manquer à sa neutralité.

L'admission des prises et la conférence de La Haye.

L'admission des prises dans les ports neutres a donné lieu à des pratiques divergentes.

Dans certains pays, elle est exclue ; dans d'autres, elle a lieu sous certaines conditions.

Au sein du comité d'examen, on a soutenu l'interdiction de l'entrée des prises, tandis que quelques-uns assimilaient purement et simplement les prises aux navires de guerre. La première opinion l'a emporté.

La règle est donc qu'aucune prise ne peut être, en principe, amenée dans un port neutre.

Les exceptions comprennent l'innavigabilité, le mauvais état de la mer, le manque de provisions ou de combustible. Dès que la cause qui justifie l'entrée a cessé, la prise doit repartir : une notification lui est adressée (1) si elle ne le fait pas d'elle-même, et si elle ne se conforme pas à la notification reçue, des mesures doivent être prises par la puissance neutre.

C'est ce que dit l'article 21 :

« Une prise ne peut être amenée dans un port « neutre que pour cause d'innavigabilité, de mau- « vais état de la mer, de manque de combustible ou « de provisions. Elle doit repartir aussitôt que la « cause qui en a justifié l'entrée a cessé. Si elle ne le « fait pas, la puissance neutre doit lui notifier l'ordre « de partir immédiatement ; au cas où elle ne s'y « conformerait pas, la puissance neutre doit user des « moyens dont elle dispose pour le relâcher avec ses « officiers et son équipage et interner l'équipage mis « à bord par le capteur. »

L'article 21 a prévu le cas d'une prise qui est entrée régulièrement, mais qui ne sort pas quand elle devrait le faire.

L'article 22 prévoit le cas d'une prise qui a été amenée irrégulièrement, c'est-à-dire en dehors des exceptions admises. « La puissance neutre doit de même relâcher la prise qui aurait été amenée en dehors des conditions prévues par l'article 21. »

En vue de rendre plus rare, sinon d'empêcher la destruction des prises, une proposition a été faite qui

----

(1) Rapport précité de M. Renault, t. I, p. 320.

avait pour objet de permettre aux puissances neutres de recevoir dans leurs ports des prises qui y seraient laissées sous séquestre en attendant la décision du tribunal national des prises (1).

La proposition qui est devenue l'article 33 de la convention, n'avait pas pour but de rien imposer aux Etats neutres qui sont toujours libres d'admettre ou non les prises : il s'agissait seulement de dire que ces Etats ne manquaient pas à la neutralité en recevant les prises et en les gardant.

A raison de la connexité qui existe entre la question de la destruction des prises et celle de leur admission dans les ports neutres, les deux comités d'examen de la troisième et quatrième commission ont été réunis. Combattue par Sir E. Satow qui ne voyait dans cette admission aucune garantie sérieuse contre la destruction des prises neutres, soutenue par M. Van den Heuvel comme la pierre d'attente de deux grandes réformes : l'interdiction de la destruction des prises neutres et le respect de la propriété privée ennemie sur mer ; la proposition fut admise par 29 voix contre 7 et avec 6 abstentions, malgré les objections de plusieurs délégations qui l'avaient d'abord votée, mais qui en demandèrent la suppression, lorsqu'elles constatèrent que l'entente

---

(1) Rapport précité de M. Renault, t. I, p. 321.

espérée en vue d'interdire la destruction des prises neutres n'avait pas été obtenue. M. de Hammarskjoeld se fit leur interprète en déclarant, au nom de la Suède, que certains Etats n'avaient consenti que pour faciliter cette entente vainement cherchée, à assumer le lourd fardeau qui pouvait résulter pour eux, au cas où ils seraient neutres, de l'admission et de la garde de ces prises (1).

L'article 23 a consacré en ces termes la solution adoptée.

« Une puissance peut admettre l'accès de ses ports « et rades aux prises escortées ou non, lorsqu'elles « y sont amenées pour être laissées sous séquestre « en attendant la décision du tribunal des prises. « Elle peut faire conduire la prise dans un autre de « ses ports. Si la prise est escortée par un navire « de guerre, les officiers et les hommes mis à bord « par le capteur sont autorisés à passer sur le na- « vire d'escorte. Si la prise voyage seule, le per- « sonnel placé à son bord par le capteur est laissé « en liberté. »

---

(1) *Deuxième conférence de la paix*, *Actes et documents*, 1907, t. I, p. 321.

§ 4.

Sort des prisonniers, naufragés, blessés et malades.

Le séjour des navires belligérants dans les ports neutres soulève encore quelques difficultés touchant le sort des prisonniers de guerre et des naufragés, blessés ou malades se trouvant à bord de ces navires.

Plusieurs questions peuvent se poser à ce sujet. Et d'abord, le navire admis dans un port neutre peut-il garder à bord les prisonniers qu'il transporte ?

Si l'on appliquait ici, par analogie, la règle suivie dans le cas où une armée se réfugie en territoire neutre, il faudrait répondre par la négative. Mais on a souvent fait remarquer qu'il n'y avait aucune analogie entre le cas de l'armée qui se réfugie sur le territoire neutre et celui du navire de guerre qui est admis dans un port neutre. En effet, à la différence de l'armée, le navire peut, on l'a vu, reprendre la lutte ; en outre il est admis dans le port neutre, tel qu'il est, continuant à exercer sur son bord la loi et l'autorité du pavillon (1). Aussi la pratique admet-elle

---

(1) Politis, *op. cit.*, p. 365 et suiv.

généralement que le navire hospitalisé dans un port neutre, peut garder à son bord ses prisonniers.

Mais ce navire pourrait-il débarquer ses prisonniers ?

La pratique semble laisser à l'Etat souverain du port neutre toute liberté pour autoriser ou interdire ce débarquement. C'est manifestement le second parti qui est le plus conforme à la notion moderne de la neutralité.

C'est dans ce sens que se prononça la déclaration de neutralité du Japon de 1898... « on ne lui permettra sous aucun prétexte de débarquer des prisonniers de guerre », est-il dit au décret impérial n° 87, 4°.

C'est aussi ce qui semble résulter de l'article 14 *in fine*, de l'arrêté belge du 18 février 1901 qui dispose que les bâtiments admis dans les ports belges ne peuvent pas « débarquer, pour les rapatrier par « les voies de terre, des hommes marins ou soldats « se trouvant à bord ».

Mais si l'autorité locale autorise le débarquement, devra-t-on procéder à l'internement des prisonniers ?

La négative est généralement admise, les prisonniers débarqués doivent être laissés libres de s'en aller, au même titre que les prisonniers des armées réfugiées sur le territoire neutre.

La même solution est depuis longtemps suivie à l'égard des prisonniers évadés du navire.

Une question analogue se pose relativement aux naufragés, blessés ou malades. Le navire d'un belligérant qui en a à son bord peut-il les débarquer dans un port neutre ?

Comme on l'a très bien fait remarquer, « le doute « vient de ce que, dans certains cas, un belligérant « trouvera avantage à se débarrasser ainsi des bles- « sés et des malades qui l'encombrent et le gênent « pour ses opérations ; le territoire neutre lui ser- « vira à mieux exécuter son entreprise hostile » (1).

En permettant ce débarquement, l'Etat neutre donnerait donc une assistance au belligérant. Mais une raison d'humanité doit faire fléchir les règles de la neutralité. Quelle doit être alors la condition des malades et blessés débarqués ? Une fois soignés chez les neutres, pourront-ils être laissés libres de prendre de nouveau part aux opérations de la guerre ? Qui devra supporter les dépenses auxquelles sera exposé le neutre pour l'hospitalisation et, le cas échéant, pour l'internement de ces hommes ?

La pratique sur ce point a été longtemps indécise.

---

(1) V. le rapport de M. Renault à la conférence de La Haye au nom de la deuxième commission, *Conférence internationale de la paix. Actes et documents*, La Haye, 1899, 1ᵉ partie, p. 38.

Les conventions de La Haye du 28 juillet 1899 et 18 octobre 1907 pour l'adaptation à la guerre maritime des principes de la convention de Genève, sont venues fort heureusement apporter quelques précisions (1).

L'article 10 de la convention du 28 juillet 1899 stipulait que « les naufragés, blessés ou malades, qui seraient débarqués dans un port neutre du consentement de l'autorité locale, devraient, à moins d'un arrangement contraire de l'Etat neutre avec les Etats belligérants, être gardés par l'Etat neutre de manière à ce qu'ils ne puissent pas de nouveau prendre part aux opérations de la guerre. Il décidait en outre que les frais d'hospitalisation et d'internement seraient supportés par l'Etat dont relèvent les naufragés, blessés ou malades. »

On avait voulu par cette disposition pour servir les intérêts de l'humanité, établir qu'un pays neutre ne viole pas la neutralité en rendant aux belligérants le service de les débarrasser de leurs propres blessés, malades ou naufragés ou de ceux qu'ils ont capturés.

Mais, trois mois après la clôture de la conférence, la Grande-Bretagne déclara ne pouvoir accepter la convocation que sous réserve de l'article 10.

Elle donnait pour raison que son principe constitu-

---

(1) V. le rapport précité de M. Renault, *Conférence internationale de la paix*, 1899, p. 30, et Dupuis, *op. cit.*, p. 202 et suiv.

tiónnel de l'*Habeas Corpus* ne lui permettait pas de retenir malgré eux les blessés, malades ou naufragés qui lui seraient venus par les belligérants.

Ce n'était peut-être qu'un prétexte, car elle a accepté l'article 57 du règlement de la guerre sur terre qui prescrit l'internement des combattants réfugiés en pays neutre.

Du reste, la règle de l'*Habeas Corpus* est une disposition de droit interne, qui doit céder devant les prescriptions du droit international ; un acte du parlement peut écarter ce principe comme cela a été fait quelquefois, et le gouvernement britannique y dérogeait régulièrement en adhérant à la convention de La Haye.

Cependant, quoique n'ayant pas à invoquer la même raison que la Grande-Bretagne, l'Allemagne, les Etats-Unis et la Turquie ont fait la même réserve qu'elle. Aussi l'article 10 a-t-il été supprimé dans la convention définitive ratifiée par les puissances.

C'était une fâcheuse lacune. Fort heureusement, M. Renault réussit à faire adopter par l'Institut de droit international, dans sa séance de **Neuchâtel** de **1900**, un vœu pour que l'article 10 fût consacré dans une convention ultérieure (1). Ce vœu a été exaucé par la

(1) *Annuaire de l'Institut de droit international*, t. XVIII, p. 230-231.

convention du 18 octobre 1907 dont l'article 15, à la demande de la délégation française, rétablit purement et simplement l'article 10 dont nous avons déjà donné le texte.

Il pourrait y avoir un doute sur le point de savoir si le neutre, en recevant aussi ces marins dans l'un de ses ports et en débarrassant le navire de l'un des belligérants, ne fournit pas une assistance contraire à la neutralité et n'engage pas sa responsabilité envers l'autre belligérant.

Il a semblé que la solution consacrée par l'article 15 tenait un compte suffisant des intérêts en présence. On a fait remarquer que cet article imposait une responsabilité assez lourde à l'Etat neutre qui ne peut répondre dans tous les cas des évasions des internés ; ne suffirait-il pas de dire, comme dans l'article 13, que cet Etat doit prendre des mesures en vue du but indiqué ?

On a répondu que la différence de rédaction des deux articles s'explique par la différence des situations. Le commandant du vaisseau de guerre neutre qui a recueilli des blessés, des malades, des naufragés, ne peut les garder ; il en est autrement de l'autorité du pays neutre. Seulement il va de soi que tout ce qu'on peut demander à cette autorité, c'est de ne pas commettre de négligence.

Il ne faut pas manquer de faire observer avec M.

Renault que, si un bâtiment de commerce, ayant recueilli occasionnellement des blessés ou des malades, ou même des naufragés, arrive dans un port neutre sans avoir rencontré de croiseur et sans avoir pris aucun engagement, les individus qu'il débarque ne tombent pas sous le coup de l'article 15, ils sont et demeurent absolument libres (1).

---

(1) Rapport de M. Renault, *Deuxième conférence internationale de la paix, Actes et documents*, 1907, t. I, p. 76 ; t. III, p. 311.

CHAPITRE III

Des sanctions.

———

Les obligations qui s'imposent aux navires de guerre belligérants en cas de séjour dans un port neutre sont, nous l'avons vu au cours de cette étude, assez nombreuses, et ces obligations ne sont pas dépourvues de toute sanction (1).

Cette sanction sera même souvent immédiate et très énergique. En temps normal, les vaisseaux de guerre, étant considérés comme une sorte de fraction détachée du territoire national, jouissent dans les ports étrangers du privilège de l'exterritorialité : les autorités locales ne possèdent sur eux aucun droit de juridiction. Si la conduite des officiers ou de l'équipage d'un navire de guerre étranger constitue un juste sujet de plainte, le gouvernement de l'Etat dont les droits ont été méconnus n'a qu'une

———

(1) Le Fur, *La guerre hispano-américaine*, p. 542.

ressource, c'est de faire parvenir ses réclamations par la voie diplomatique au gouvernement de l'Etat dont relève le navire de guerre en question. C'est ce gouvernement, responsable des actes des agents et officiers qui le représentent à l'étranger, qui se chargera lui-même de la répression des fautes par eux commises.

Mais, en temps de guerre, cette sanction serait insuffisante. D'abord le gouvernement belligérant se trouvera fréquemment absorbé par des événements trop graves pour s'occuper efficacement d'incidents qui, dans les circonstances où il se trouve, peuvent paraître d'importance secondaire, parfois même, lorsque les actes contraires au droit auront été commis au détriment de navires ennemis, le gouvernement belligérant ne s'en occupera-t-il que pour empêcher autant que possible la répression des faits délictueux.

Il est donc nécessaire en temps de guerre que la sanction puisse être appliquée directement par l'Etat neutre dont les droits ont été méconnus, il l'appliquera lui-même, et immédiatement pendant que le navire de guerre belligérant se trouve à sa disposition dans le port neutre.

Certaines déclarations de neutralité, celle du Brésil de 1898 (29 avril) notamment, ont prévu expressément ce cas ; l'Etat neutre y donne ordre aux offi-

ciers commandant ses ports et ses navires de guerre
de faire tirer sur tout navire belligérant qui attaque-
rait un navire ennemi dans les ports et eaux territoriales de cet Etat. Et si, malgré l'interdiction qui leur
en est faite, les navires des puissances en guerre réus-
sissent à s'approvisionner dans un port neutre d'armes ou de munitions, l'Etat neutre doit les empêcher
d'utiliser ces approvisionnements embarqués en violation des règles de la neutralité ; il doit les confisquer
et peut même, dans les cas où les armes et munitions
constituent tout ou majeure partie de la cargaison
embarquée, retenir le navire lui-même.

La convention de La Haye, du 18 octobre 1907, a
prévu le cas où des infractions aux règles qu'elle avait
posées viendraient à se produire.

On peut supposer d'abord un navire de guerre belligérant qui se trouve dans un port neutre où il n'a
pas le droit de rester, qu'il y soit entré au mépris
d'une interdiction ou qu'il y ait régulièrement pé-
nétré, mais qu'il y séjourne plus qu'il n'est permis.

La puissance neutre a alors le droit de prendre les
mesures nécessaires pour désarmer le navire, c'est-
à-dire le rendre incapable de tenir la mer pendant la
durée de la guerre. C'est un devoir pour le commandant du navire de faciliter l'exécution de ces mesures.
Quand un navire est ainsi retenu, quelle est la situation des officiers et de l'équipage ?

L'article 24 dit qu'ils sont également *retenus*, expression assez vague que l'on a substituée à celle *d'internés*, parce que ce dernier terme paraissait indiquer d'une manière trop stricte que les officiers et l'équipage devaient être placés dans l'intérieur du pays neutre. Les officiers et l'équipage ainsi retenus peuvent être laissés dans le navire ou logés soit sur un autre navire, soit à terre, et ils peuvent être assujettis aux mesures restrictives qu'il paraîtrait nécessaire de leur imposer. Toutefois, on devra toujours laisser sur le navire les hommes nécessaires à son entretien (art. 24). Cette disposition se justifie à raison de la grande valeur des navires de guerre qui, faute d'entretien, peuvent se détériorer facilement et même devenir inutilisables (1).

Les officiers peuvent être laissés libres en prenant l'engagement sur parole de ne pas quitter le territoire neutre sans autorisation (art. 24, § 4).

D'après la troisième règle de Washington, « un gouvernement neutre est tenu d'exercer toute diligence nécessaire dans ses propres ports et eaux à l'égard de toutes personnes dans sa juridiction pour empêcher toute violation des obligations et devoirs sus-mentionnés ».

La convention a consacré ce principe qui n'a pas

_____

(1) Rapport précité de M. Renault, t. I, p. 323.

rencontré d'opposition ; seulement elle a voulu, en s'appropriant un amendement présenté par la délégation de Belgique et des Pays-Bas, adopter une formule qui n'imposât pas aux neutres une responsabilité trop lourde, en disproportion avec les moyens dont ils peuvent disposer : « Une puissance neutre, dit l'article 25, est tenue d'exercer la surveillance que comportent les moyens dont elle dispose pour empêcher dans ses ports ou rades et dans ses eaux toute violation des dispositions qui précèdent. »

Les règles adoptées par une puissance neutre peuvent-elles être modifiées au cours de la guerre ?

L'impartialité due aux belligérants, dit M. Renault (1), exige qu'en principe elles ne soient pas changées au cours de la guerre parce que, même si le changement n'est pas dicté par la particularité, il trompe une attente naturelle.

Il est possible cependant que l'expérience démontre aux neutres la nécessité de nouvelles mesures destinées à la sauvegarde de sa neutralité. Par exemple la présence des navires de guerre belligérants dans certains ports a eu des inconvénients ; l'Etat neutre restreindra la durée du séjour, ou même interdira l'accès.

Dans cet ordre d'idées, le premier projet du préam-

(1) Rapport précité de M. Renault, t. I, p. 325-32.

bule de la convention ne prévoyait que des mesures plus rigoureuses. Il a été critiqué de ce chef : tandis que sir E. Satow avait dit qu'il ne pouvait se figurer des cas où il serait nécessaire pour le neutre de prendre des mesures moins rigoureuses, M. Tcharykow déclarait cette éventualité possible et demandait la modification du texte jugé par lui trop restrictif.

Le texte actuel du préambule a été voté par 12 voix contre 2 (Grande-Bretagne et Japon).

« Considérant que, pour les cas non prévus par la présente convention, il y a lieu de tenir compte des principes généraux du droit des gens ; considérant qu'il est désirable que les puissances édictent des prescriptions précises pour régler les conséquences de l'Etat de neutralité qu'elles auraient adopté, considérant que c'est pour les puissances neutres un devoir reconnu d'appliquer impartialement, aux divers belligérants les règles adoptées par elles ; considérant que dans cet ordre d'idées, ces règles ne devraient pas, en principe, être changées au cours de la guerre par une puissance neutre, sauf dans le cas où l'expérience acquise en démontrerait la nécessité pour la sauvegarde de ses droits. »

Après le vote, sir E. Satow et M. Tsudzuki ont demandé qu'il fût mentionné au procès-verbal qu'à leur avis on ne saurait imaginer des cas où un Etat neutre, pour sauvegarder ses droits, serait obligé de prendre des mesures *moins* rigoureuses au cours de la guerre, tandis que la doctrine anglaise a toujours reconnu aux neutres le droit d'édicter, à cet effet, des mesures plus rigoureuses.

L'Etat belligérant, lésé par la tolérance coupable d'un Etat neutre, ne possède par contre aucun moyen direct d'assurer la réparation du préjudice dont il souffre.

Il n'a d'autre ressource que de réclamer à l'Etat en faute, réparation soit par la remise des choses en l'état où elles étaient avant la violation de neutralité, soit par le payement d'une indemnité proportionnée au dommage.

L'exemple le plus illustre de réparation pécuniaire pour manquement aux devoirs de la neutralité est fourni par le différend anglo-américain né au cours de la guerre de Secession. La sentence arbitrale du 14 septembre 1872 condamna l'Angleterre à payer aux Etats-Unis la somme de 15.500.000 dollars, soit environ 75 millions de francs à titre d'indemnité pour le préjudice indûment causé à la nation américaine par la tolérance britannique à l'égard des croiseurs confédérés.

Les prétentions américaines étaient plus élevées. Les Etats-Unis entendaient rendre la Grande-Bretagne responsable non seulement des dommages directs causés à la marine marchande fédérale, mais enœore des dommages indirects résultant : 1° des pertes encourues par cette marine par suite de l'abandon de son pavillon par le commerce réfugié sous le pavillon britannique ; 2° de l'élévation des primes d'assurances ; 3° de la prolongation de la guerre et de l'addition d'une somme considérable pour frais de la guerre et répression de la rebellion (1).

Le tribunal arbitral n'admit point ces prétentions. Entres Etats comme entre particuliers, il convient de ne tenir compte, dans la fixation des dommages-intérêts que des conséquences directes de l'acte préjudiciable. La raison en est au moins dans l'énormité des chiffres auxquels conduirait la condamnation pour dommages indirects que dans l'impossibilité d'apprécier avec certitude, la relation de cause à effet entre les faits incriminés et le préjudice qui en peut indirectement dériver (2).

Telle est, en ses dispositions essentielles, la convention de la Haye du 18 octobre 1907. Quelque opinion que l'on puisse professer sur certaines solutions au point de vue théorique , il faut reconnaître avec M. Ch. Dupuis (3), qu'elle est un chef-d'œuvre de

_____

(1) V. de Martens, Samwer et Hopf, *Nouveau recueil de traités*, t. XX, 1875, p. 729.

(2) V. *Ibid.*, *Protocole n° 5 du tribunal d'arbitrage*, p. 728.

(3) Dupuis, *op. cit.*, p. 489.

conciliation entre des thèses si contraires qu'elles paraissent inconciliables.

L'habileté a consisté à juxtaposer des règles différentes là où l'assentiment général devait faire défaut à une règle unique, à sauvegarder dans une large mesure la liberté des neutres tout en faisant d'importantes concessions au système ⁕restrictif de la Grande-Bretagne et du Japon.

Elle n'a pas réalisé, sans doute, l'uniformité de législation, ni consacré un principe unique, mais ce *desideratum*, nous croyons l'avoir démontré à la fin de la première partie de notre étude, est pratiquement impossible à réaliser : la diversité des régimes de neutralité maritime tient à la matière même des classes.

Comment, au surplus, s'étonner que des diplomates n'aient pas complètement réussi à s'entendre sur une matière que l'Institut de droit international, assemblée composée cependant exclusivement de jurisconsultes, n'a pu arriver encore, comme nous allons le voir, à réglementer d'une façon satisfaisante.

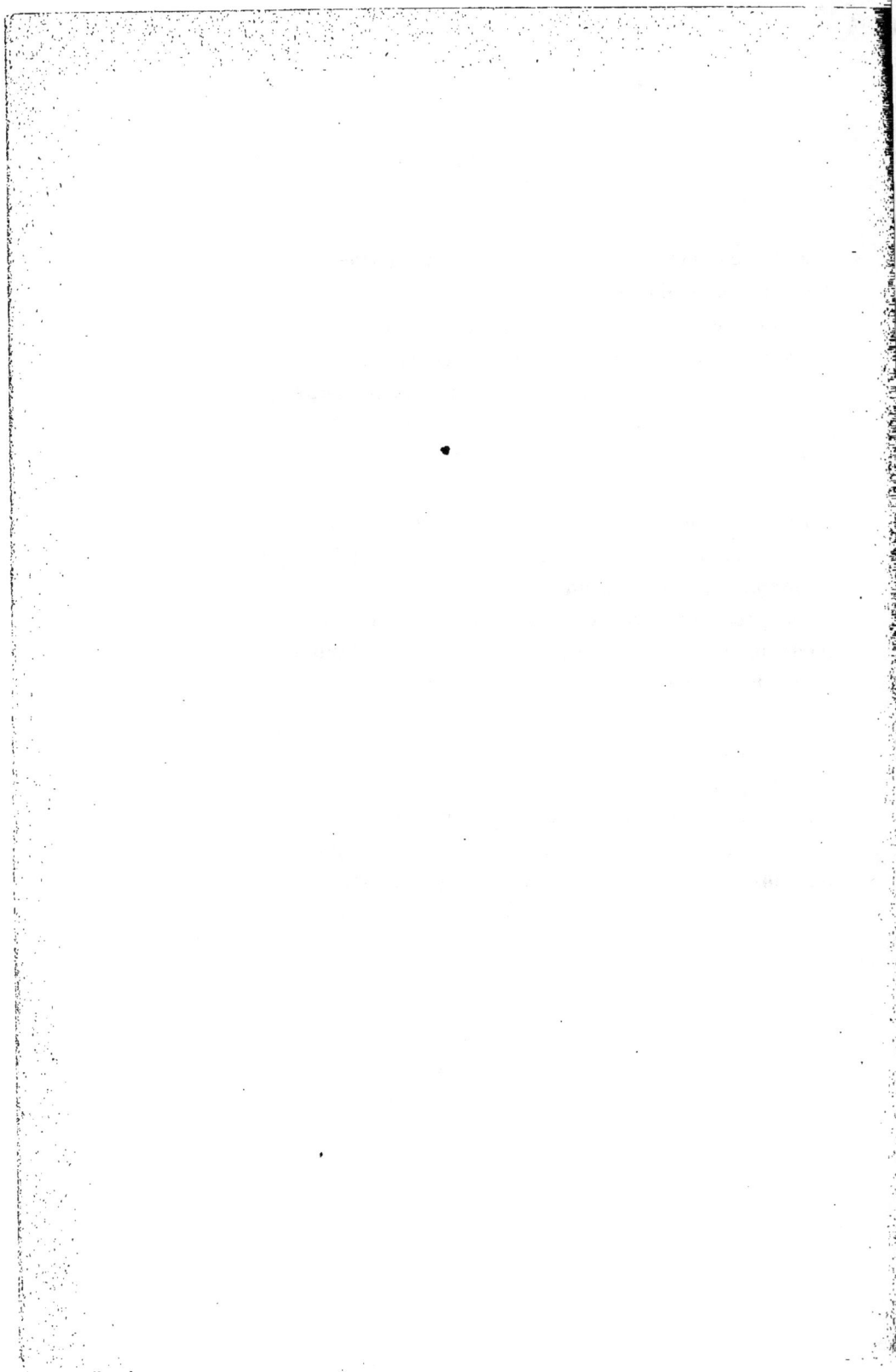

APPENDICE

L'asile maritime et l'Institut de droit international.

L'Institut de droit international, nous avons eu l'occasion de le voir au cours de notre étude, s'est plusieurs fois occupé de la question de l'hospitalité neutre dans la guerre maritime.

Dans ses résolutions de La Haye de 1898, il a déterminé les idées générales de la doctrine en ce qui concerne le régime des navires dans les ports étrangers (1) pour le cas de refuge de navires des belligérants dans les ports neutres, il a consacré les règles suivantes (art. 42) :

1° Le droit d'asile aux belligérants dans les ports d'un Etat neutre, bien que dépendant de la volonté souveraine de cet Etat et ne pouvant être exigé est

---

(1) *Annuaire de l'Institut de droit international public*, p. 284 et suiv.

présumé à moins de notification contraire et préalable.

2° **Pour les navires de guerre des belligérants,** l'asile est limité aux cas suivants : *a)* **défaite, maladie ou équipage insuffisant ;** *b)* **péril de mer ;** *c)* **manque de moyens d'existence ou de locomotion (eau, charbon, vivres) ;** *d)* **besoin de réparations.**

3° Un navire belligérant se réfugiant dans un port neutre doit y rester jusqu'à la fin de la guerre dans les cas suivants : *a)* quand il est poursuivi ou défait par l'ennemi ; *b)* quand il n'a plus assez d'équipage pour tenir la mer ; *c)* s'il est venu débarquer des malades ou blessés et qu'il soit encore en état de combattre.

4° Un refuge contre un péril de mer n'est donné aux navires belligérants que pour la durée du danger.

5° On ne leur fournit les approvisionnements (eau, charbon, vivres) que la quantité nécessaire pour atteindre le port national le plus proche.

6° Les réparations ne sont permises que dans la mesure nécessaire pour que le bâtiment puisse tenir la mer, immédiatement après le navire doit quitter le port et les eaux neutres.

A la session de Gand en 1906, l'Institut, sur le rapport de M. Kleen, vota, mais seulement comme texte provisoire, un certain nombre de résolutions sur le régime de la neutralité (1).

Malgré tous ses efforts, l'Institut ne put dépasser l'article 18 d'un projet qui en comptait 70.

Parmi les 18 articles du projet de M. Kleen ainsi votés sous la condition expresse d'une révision ultérieure, les articles 5 à 9 concernaient l'asile neutre.

Art. 5. — Le droit d'asile neutre est le droit de l'Etat neutre de donner, dans les limites de sa juridiction, retraite à ceux qui cherchent un refuge contre les calamités de la guerre.

Art. 6. — L'asile neutre peut, sous les conditions déterminées ci-après, être accordé aux forces belligérantes ou aux personnes, ou aux choses y appartenant soit en vertu de conventions formelles, soit dans les cas suivants de nécessité.

a) Aux fuyards blessés, malades et naufragés.

b) Aux navires et équipages en détresse. Les prisonniers de guerre deviennent libres par le seul fait de se trouver sur le territoire neutre. L'Etat neutre décide s'il y a lieu d'accorder l'asile et il en fixe les conditions.

Art. 7. — L'Etat neutre peut exiger de l'Etat belli-

---

(1) *Annuaire*, t. XXI, p. 134 et 346; Dupuis, *Revue de droit international public*, t. XIV, 1907, p. 387.

gérant, dont il a entretenu des réfugiés, le rembour-
sement des frais.

Art. 8. — L'Etat neutre peut donner asile aux blessés, malades et naufragés des belligérants. Il devra
à moins d'un arrangement contraire avec les Etats
belligérants, les garder de manière qu'ils ne puissent
pas de nouveau prendre part aux opérations de la
guerre.

Art. 9. — Les prisonniers de guerre, le butin et les
prises arrivés en port neutre avec un navire belligérant ainsi admis à l'asile, ne peuvent, à moins
que cela n'ait été d'avance une condition de l'admission, lui être enlevés tant que les prisonniers et le
butin restent à bord et les prises à la remorque. Dans
le cas contraire, les prisonniers sont libres ; le butin
débarqué et les prises séparées du navire non encore
devenus propriété du preneur selon le droit de guerre,
restant à leurs propriétaires tandis que ceux dont la
propriété était légitimée sont compris dans l'asile du
navire, à moins que l'introduction du butin et de
prises légitimes ne soit défendue par la législation
nationale.

Après la session de Gand, M. Kleen ayant cru devoir résigner les fonctions de rapporteur, MM. Dupuis
et de Lapradelle furent nommés par le bureau de
l'Institut, rapporteurs de la troisième commission
vouée à l'étude du régime de la neutralité.

Les deux rapporteurs eurent l'idée de soumettre à l'Institut réuni à Paris, en mars-avril 1910, non pas un projet d'ensemble systématiquement conçu et logiquement coordonné, mais un projet restreint sur l'hospitalité neutre dans la guerre maritime.

Les deux rapporteurs estimaient que la deuxième conférence de la paix avait résolu ce problème, non d'une manière définitive, mais seulement provisoire par une série de compromis entre des tendances opposées, sans même que certaines solutions très ingénieuses, inspirées à la fois par le désir de conciliation et le besoin de règles fixes, aient réussi à rallier tous les suffrages.

Aussi, les rapporteurs proposaient-ils à l'Institut de commencer par l'examen de la question de l'hospitalité neutre dans la guerre maritime, la discussion du régime de la neutralité.

Mais, d'une part, les opinions très diverses exprimées par les membres de la commission ne permirent pas de présenter, au nom de cette commission, un système fondé sur une théorie commune et appuyée par une majorité stable.

D'autre part, MM. Dupuis et de Lapradelle se trouvèrent en opposition irréductible sur des principes fondamentaux, et cette opposition se manifesta, non seulement par la contradiction de certaines solutions, mais encore par la divergence dans la manière de poser les problèmes.

Dès lors, l'Institut fut saisi de deux rapports : l'un de M. Dupuis (1), l'autre de M. de Lapradelle (2).

Devant l'Institut, les deux rapporteurs exposèrent leurs points de vue respectifs. Nous les avons déjà indiqués dans la première partie de notre étude en étudiant le fondement juridique de l'hospitalité neutre.

Rappelons seulement que M. Dupuis soutint la thèse traditionnelle combattue par la Grande-Bretagne et le Japon, d'après laquelle les Etats neutres ont, en principe, le droit d'accueillir dans leurs ports les navires de guerre belligérants pour leur permettre ensuite de reprendre la mer.

Mais de très graves difficultés apparaissent dès qu'il s'agit de déterminer l'exacte portée de ce droit.

C'est précisément pour écarter, dans la mesure du possible, ces difficultés, que la convention du 18 octobre 1907, n'a tranchées que par une série de compromis entre des principes opposés que M. de Lapradelle eut l'idée de soumettre à l'Institut un système personnel et ingénieux, d'après lequel le fondement de l'hospitalité maritime n'est pas la souveraineté de

---

(1) *Annuaire de l'Institut de droit international*, session de Paris, 1910, t. XXIII, p. 22 à 99.

(2) *Ibid.*, p. 100-130.

l'Etat neutre, mais la liberté de navigation : ce n'est pas assez que l'hospitalité maritime soit une *faculté* il faut qu'elle soit un devoir basé sur le principe de la liberté de la mer.

La thèse de M. de Lapradelle fut vivement combattue devant l'Institut.. Certains membres demandèrent même qu'elle fût condamnée ; d'autres, dont M. Politis, demandèrent qu'elle fût réservée.

L'Institut, craignant de critiquer prématurément (avant que cette convention fût ratifiée ou même signée par toutes les puissances) la convention de La Haye, du 18 octobre 1907, nomma dans son sein une commission chargée de faire le point de départ entre les questions tranchées par la convention et celles que l'Institut pourrait étudier.

La sous-commission déclara que cette séparation avait été tentée par elle, mais reconnue impossible, et que, d'ailleurs, elle estimait que ce serait faire une œuvre vaine que de discuter des questions de détail sans discuter les principes.

Finalement, l'Institut se prononça, le 31 mars 1910, pour l'ajournement pur et simple du projet relatif à l'hospitalité neutre dans la guerre maritime.

A titre documentaire voici le texte du projet concernant l'hospitalité dans les ports neutres proposé à l'Institut de droit international, au nom de la troisième commission par M. Ch. Dupuis (1).

ARTICLE PREMIER. — L'Etat neutre est libre de fermer ou d'ouvrir ses ports aux navires de guerre de
tous les Etats engagés dans la lutte.

Il ne doit pas modifier, au cours de la lutte les
règles qu'il a adoptées, à moins que l'expérience acquise ait démontré la nécessité d'un changement pour
la sauvegarde de ses droits.

Il n'est pas tenu de limiter le nombre des vaisseaux
admis simultanément dans ses ports, s'il a pris soin
de réserver sa liberté, à cet égard par des dispositions précises de ces lois.

Toutefois, il est tenu de désarmer et de retenir,
jusqu'à la fin des hostilités, les navires de guerre
qui se sont réfugiés dans ses ports pour échapper à
la poursuite de l'ennemi.

ART. 2. — L'Etat neutre ne doit pas tolérer que
ses ports ou eaux servent de bases d'opérations navales ni de base d'attaque. Il ne doit pas tolérer l'installation de stations radio-télégraphiques ou d'appareils destinés à servir de moyens de communication
entre des forces belligérantes de terre ou de mer.

ART. 3. — L'Etat neutre n'est pas tenu de limiter la

---

(1) *Annuaire de l'Institut de droit international*, t. XXIII, p. 96
à 99.

durée de séjour des navires de guerre belligérants dans ses ports.

ART. 4. — L'Etat neutre doit interdire aux navires de guerre des belligérants d'accroître, d'une manière quelconque, dans ses ports, leur force militaire proprement dite, c'est-à-dire, leur armement, leurs munitions ou l'effectif de leurs équipages.

Il n'est pas tenu de s'opposer à ce que ces navires acquièrent, dans ses ports, de nouveaux moyens de naviguer, sous les réserves et conditions qui suivent.

ART. 5. — L'Etat neutre ne doit pas tolérer dans ses ports la réparation des avaries subies sur les navires de guerre par les tourelles, les systèmes de défense ou de protection, ou les appareils de toutes sortes servant uniquement au combat.

Il n'est pas tenu de s'opposer à la réparation des avaries de nature à compromettre la sécurité ou à augmenter les difficultés de la navigation.

ART. 6. — L'Etat neutre n'est pas tenu d'interdire aux navires de guerre belligérants de se ravitailler, dans ses ports, soit en vivres, soit en objets nécessaires ou utiles à la navigation, à l'effet de compléter leur approvisionnement normal du temps de paix.

ART. 7. — L'Etat neutre n'est pas tenu de s'opposer à ce que les navires de guerre belligérants chargent, dans ses ports, en la prenant soit à terre, soit par transbordement de navires charbonniers, la quantité de combustible nécessaire pour compléter le plein de leurs soutes proprement dites, au moins dans la mesure où il s'agit de réparer les conséquences d'un accident de mer.

L'Etat neutre, dans les autres cas, peut tolérer la fourniture de combustible dans la mesure nécessaire pour que le navire de guerre belligérant puisse atteindre son port national le plus proche.

Art. 8. — L'Etat neutre doit interdire aux navires de guerre qui se sont ravitaillés dans un de ses ports, de renouveler, avant l'expiration d'un mois, leurs approvisionnements, soit dans le même port, soit dans un autre port situé à moins de... milles du premier.

Art. 9. — L'Etat neutre est tenu d'empêcher le départ, hors de sa juridiction, de tout navire qu'il a motif de croire destiné à croiser ou à concourir à des opérations hostiles et qui aurait été, dans la dite juridiction, adapté en tout ou en partie à des usages de guerre.

Art. 10. — L'Etat neutre ne doit pas admettre, dans ses ports, les prises escortées ou non, si ce n'est dans le cas d'innavigabilité, de mauvais état de la mer, de manque de provision ou de combustible.

Il doit, en tous cas, exiger le départ des prises dès que la cause qui avait justifié leur admission a disparu.

ART. 11. — Lorsqu'un navire de guerre belligérant se trouve dans un port neutre, en même temps qu'un navire de commerce portant le pavillon d'un belligérant ennemi, le navire de guerre ne peut quitter le port neutre moins de 24 heures après le départ du navire de commerce.

Lorsque deux navires de guerre portant pavillon de deux belligérants ennemis se trouvent en même temps dans un port neutre, un délai de 24 heures au moins doit s'écouler entre la sortie de chacun d'eux : Le droit de sortir le premier appartient au vaisseau qui est entré le premier. Toutefois, si celui-ci ne veut pas user de son droit de priorité ou s'il est évidemment plus fort que l'autre, l'Etat neutre peut autoriser le bâtiment qui est entré le second à sortir le premier.

ART. 12. — L'Etat neutre n'est pas tenu d'interdire le passage, dans ses eaux territoriales, aux navires de guerre belligérants et à leurs prises.

Il peut l'interdire dans les portions de ses eaux qui sont en dehors des routes maritimes nécessaires à la navigation ; il doit le permettre dans les détroits qui constituent le seul moyen de passage d'une mer libre à une autre mer libre.

ART. 13. — L'Etat neutre doit interdire aux navires de guerre belligérants dans ses eaux territoriales, tout séjour qui ne serait pas motivé par la nécessité d'un ravitaillement licite en port neutre.

Art. 14. — Il doit interdire, dans ses eaux, tout ravitaillement qui ne serait pas licite en port neutre, alors même que le ravitaillement devrait être effectué par des bâtiments de transport qui auraient pris leur chargement en dehors de ses ports.

Art. 15. — Toutefois l'Etat neutre ne peut encourir de responsabilités, du fait du séjour ou du ravitaillement illicites de navires de guerre belligérants dans ses eaux territoriales, que s'il néglige d'user des moyens dont il dispose pour y mettre obstacle.

Voici, d'autre part, le texte du projet de résolution déposé par M. de Lapradelle (1).

Article premier. — Les navires de guerre de tous les Etats engagés dans la lutte ont droit à l'hospitalité maritime neutre aux conditions et dans les limites qui suivent.

Art. 2. — La mer territoriale et les baies, rades et ports des Etats neutres leur sont en principe ouverts.

Art. 3. — Dans l'intérêt de sa sécurité personnelle, tout Etat peut, avant l'ouverture des hostilités, limi-

---

(1) *Annuaire, I. D. I. P.*, t. XXIII, p. 128 à 130.

ter par traités, lois et règlements le nombre et la force des navires de guerre, de même pavillon, ou de pavillons alliés qui seront admis simultanément dans ses ports, rades ou baies en temps de guerre.

ART. 4. — Dans l'intérêt de sa sécurité personnelle, l'Etat neutre peut fermer celles de ses eaux qu'il juge nécessaire d'interdire aux navires de guerre belligérants, à condition : 1° de resserrer ainsi la navigation sans l'arrêter ; 2° de déterminer les zones interdites dès le temps de paix ; 3° de les fermer aux navires de commerce des belligérants.

ART. 5. — Tout navire de guerre belligérant qui, même en cas de péril de mer, pénètre dans les eaux neutres interdites, doit être aussitôt désarmé et retenu jusqu'à la fin des hostilités.

ART. 6. — L'Etat neutre doit immédiatement désarmer et retenir jusqu'à la fin des hostilités, le navire de guerre belligérant qui se réfugie dans ses eaux ouvertes pour échapper à la poursuite de l'ennemi.

ART. 7. — L'Etat neutre doit interdire au navire de guerre belligérant d'accroître dans ses eaux d'une manière quelconque ses forces militaires, c'est-à-dire son armement, ses munitions ou son équipage.

ART. 8. — L'Etat neutre doit interdire au navire de guerre de réparer dans ses eaux les avaries causées, soit par la guerre, soit par la navigation aux organes de combat, soit manifestement par le combat aux organes de navigation.

ART. 9. — Le navire de guerre belligérant qui manque d'eau, de vivres ou de charbon doit pouvoir, tant dans les ports, rades ou baies que dans les eaux territoriales neutres, compléter son approvisionnement normal du temps de paix.

ART. 10. — L'Etat neutre doit assigner au navire de guerre belligérant une durée de séjour calculée sur le temps nécessaire pour le mettre en état de reprendre la mer.

ART. 11. — L'Etat neutre ne doit pas tolérer que ses eaux servent de bases d'opérations. Il ne doit pas tolérer notamment l'installation de stations radio-télégraphiques, ou d'appareils destinés à servir de communication entre les forces belligérantes de terre ou de mer.

ART. 12. — Lorsqu'un navire de guerre belligérant, se trouve dans un port neutre en même temps qu'un navire de commerce portant le pavillon d'un belligérant ennemi, le navire de guerre ne peut quitter le port neutre moins de 24 heures après le départ du navire de commerce.

Lorsque deux navires de guerre portant pavillon de belligérants ennemis se trouvent, en même temps, dans un port neutre, un délai de 24 heures au moins doit s'écouler entre la sortie de chacun d'eux. Le droit de sortir le premier appartient au vaisseau qui est entré le premier.

ART. 13. — L'hospitalité maritime dans les ports, rades ou baies neutres ne s'applique pas aux prises, escortées ou non, si ce n'est dans le cas d'innavigabilité, de mauvais état de la mer, de manque de provisions ou de combustible.

L'Etat neutre doit, en tout cas, exiger le départ des prises dès que la cause qui avait justifié l'hospitalité a disparu.

BIBLIOGRAPHIE

Annuaire de l'Institut de droit international : tome XVII, session de La Haye ; tome XXI, session de Gand ; tome XXIII, session de Paris.

DE BUSTAMENTE Y SIRVEN. — La deuxième Conférence de la Paix.

BONFILS ET FAUCHILLE. — Manuel de droit international public, 6e édition, Paris, 1911.

DAMINOS. — Du droit d'asile dans les ports neutres, Paris, 1903.

DESPAGNET ET DE BOECK. — Cours de droit international public, 4e édition, Paris, 1910.

Deuxième Conférence Internationale de la Paix. Actes et Documents, La Haye, 1907, 3 vol.

DONKER-CURTIUS. — Des navires de guerre belligérants dans les eaux neutres, Bordeaux, 1907.

DUPUIS (CH.). — Le droit de la guerre maritime d'après les doctrines anglaises contemporaines, Paris, 1899.

— Le droit de la guerre maritime d'après les Conférences de La Haye et de Londres, Paris, 1911.

FOCHERINI. — Della condizione guiridica des belligéranti in territorio neutro, 1906.

FUR (LE). — Etude sur la guerre hispano-américaine de 1898, Paris, 1899.

GUILLAUME (BON). — Admission des bâtiments de guerre étrangers dans les eaux et les ports belges, 1901.

GABORIT. — Questions de neutralité maritime soulevées pendant la guerre russo-japonaise, Paris, 1906.

KLEEN. — Lois et usages de la neutralité, Paris, 1898, 2 vol.

LAWRENCE. — " Warand neutrality in tho Far East ", 2ᵉ édition, London, 1904.

LAMY. — Admission et séjour des vaisseaux de guerre des belligérants dans les ports neutres, 1906.

LAPRADELLE (DE). — La nouvelle thèse du refus de charbon aux belligérants dans les eaux neutres. (R. D. I. P., 1904, p. 531 et suiv.)

LEMONON. — La seconde Conférence de la Paix, Paris, 1908.

NAGAO ARIGA. — La guerre russo-japonaise, 1906.

PASSENAUD. — De l'attitude des neutres vis-à-vis des escadres belligérantes, Paris, 1906.

PERELS. — Manuel de droit maritime international, traduction française, Avendt, Paris, 1884.

PILIDI. — Du combustible en temps de guerre, Paris, 1909.

PILLET. — Les lois actuelles de la guerre, Paris, 1898.

POLITIS. — Admission des bâtiments de guerre étrangers dans les eaux et ports du Royaume belge. (Chronique de faits internationaux, R. D. I. P., 1901, p. 341 et suiv.)

RENAULT. — Les deux Conférences de la Paix, 2ᵉ édition, 1909.

VEILHAUT. — Les vaisseaux belligérants et l'asile dans les ports neutres, Paris, 1906.

TABLE DES MATIÈRES

———

Vu et permis d'imprimer :

Le Vice-Recteur de l'Académie de Paris,

Pour le Vice-Recteur :

L'Inspecteur d'Académie,

J. LAMIRAUD.

Vu :   Vu :

Le Doyen,   *Le Président de la thèse,*

P. CAUWÈS.   L. RENAULT.

La Rochelle, Imprimerie Nouvelle Noël Texier.

www.ingramcontent.com/pod-product-compliance
Lightning Source LLC
Chambersburg PA
CBHW071856200326
41519CB00016B/4417